JN062531

マルクスの光と影

——友愛社会主義の探究

村岡 到

ロゴス

まえがき

コロナ禍がなお深刻に日本でも全世界でも広がっている。感染者は世界で約一億八七〇〇万人、死者は約四二〇万人、日本では感染者は約八二万人、死者は約一万五〇〇〇人（七月一二日現在）。貧富の格差がさらに拡大し、ジェンダー差別も顕在化し、地球の気候変動も加速し環境破壊も進んでいる。少子高齢化・人口減少も大きな問題である。政治のあり方も根本的に問われている。

これらの多くの難題に直面して、それぞれがその解決のために必死に努力を重ねている。諸問題の根底に資本主義社会のあり方や資本制経済の根本問題が存在すると考える人も少なくない。「資本主義の限界」を取り上げる言説が広がっている。そこで、一九世紀の思想家マルクスによる資本主義への批判を知り、共感・支持する場合も少なくない。『資本論』で示されている資本制経済の分析と批判――〈労働力の商品化〉をベースにする、賃労働と資本との対立を基軸にして、利潤の獲得を動機・目的として、生産が実現すると捉え、その廃絶を展望する――は、鋭くなお継承すべき有効な認識だと、私は考える。だが、同時に「歴史は階級闘争の歴史である」（『共産党宣言』）とする、マルクスの認識は決定的に誤っていた。長所の裏に短所あり、である。この誤りに陥っていたがゆえに、マルクスは近代社会の政治システムとなった〈民主政〉を捉え損ない、「プロレタリアート独裁」を「歴史の必然性」と錯覚した。その結果、社会主義理論と左翼は成長することを殺がれてきた。一九四五年の敗戦から四分の三世紀を経てもなお、資本制経済の保持を党是とする自民党が国民の多数の支持を得ていて、対抗する政治勢力は立ち現れていない。なぜなのか、深い反省が必要ではないか。哲学者・梅本克己さんが忠告したように、否定面に目を塞いでいては肯定面を活かすことはできない（本書七二頁）。だから、タイトルを「マルクスの光と影」とした。

本書はこのような立場に立って、①マルクスの何を学び、どこを超克するべきかを探究した。もう一つ、②一九一七年のロシア革命とソ連邦の歩みは何を意味しているのか、そこからどのような教訓を引き出すことが出来るのかを探り、③私たちがめざすべき〈新しい社会主義像〉を提示することを試みた。ロシア革命やソ連邦の歩みにマルクスとマルクス主義とはいかなる関係や責任があったのかを明らかにすることなしに、〈新しい社会主義像〉を描くことは出来ないからである。

本書では、マクシミリアン・リュベルの大冊『神話なきマルクス――その生涯と著作に関する編年史研究』（現代思潮新社）に触発されて、前記の三つの課題について探究した。昨年末に刊行した拙編『宗教と社会主義との共振』と今年五月の『宗教と社会主義との共振Ⅱ』（ロゴス）と合わせて、重苦しい現状を打破する突破口を探るために、ぜひとも検討してほしいと切望する。

二〇二一年七月一五日

村岡　到

マルクスの光と影──友愛社会主義の探究　目次

マルクスの継承と超克
——M・リュベルの労作をヒントに

マクシミリアン・リュベルの著作を三冊読んだ。マルクスと社会主義について興味ある労作なので検討する。最新刊の『神話なきマルクス——その生涯と著作に関する編年史研究』(現代思潮新社。原書：一九七五年)、『マルクスへ帰れ』(こぶし書房、二〇一〇年。原書：一九八一年)、『市場なき社会主義論の系譜』(現代思潮新社、二〇一四年。原書：一九八七年)の三冊である(どれもイギリスで刊行。三冊目の著作は単著ではなく七人の論文集)。リュベルについてはすぐ後で紹介するが、一〇年以上前に邦訳されていたのに、私はその名前さえ知らなかった。今年二〇二一年四月、私の編著『宗教と社会主義との共振Ⅱ』脱稿の直後に、現代思潮新社の渡辺和子さんから『神話なきマルクス』を寄贈していただいたことがきっかけとなって読書した。本稿を書き始める時には想定していなかったが、新しい社会主義像を探究するために第7節を書く段になって、ソ連邦崩壊の年・一九九一年に「朝日新聞」の「論壇」に掲載された「社会主義再生への反省」(1) いらい発表してきた、社会主義論に関連する拙文を読み返すことになり、要点を引用することにした。

第1節　マルクス研究がM・リュベルの生涯の課題

まずマクシミリアン・リュベルがどういう人物かを紹介しよう。『マルクスへ帰れ』の「編者による序文」では次のように紹介されている（一一～一九頁）。引用記号を省いて抜き書きしよう。リュベルは、一九〇五年、当時のオーストリア＝ハンガリー帝国領ブコヴィナの首都チェルノヴィッツで生まれた。この都市は、一九一八年にルーマニアに、四七年にロシアに編入された。リュベルはルーマニアで二八年に法学、三〇年に哲学の学士号を受け、三一年にパリに移住、三四年に文学士号を受けた。三七年にフランス市民権を取得した。三九年にはフランス軍の野戦病院部隊に招集され、招集解除でパリに戻り、ドイツ軍占領下で教師となるが、ユダヤ系出身のため、身分を隠しながらの半ば地下生活を送った。四一年にレジスタンス運動にかかわるフランスのマルキストのグループと接点を持つ。これが、マルクス研究の端緒となった（後述）。四六年にマルクスに関する最初の論文を執筆した。四七年にフランス国立科学センターの研究員を努め、勤続し、七〇年に名誉首席研究員として退任した。その間、五〇年から断続的にアムステルダム社会史国際研究所でマルクスとエンゲルスのオリジナル草稿の調査研究を行った。五四年にソルボンヌ大学から文学博士号を受けた。

マルクスに関するリュベルの著作は八〇タイトルを超える。「マルクス学研究」は彼の創語である。

一九九六年にパリで死去した。
四一年にレジスタンス運動にかかわった時に、ドイツ占領軍むけの宣伝ビラの作成（ドイツ語訳作り）に協力しようとした。そのグループは全員が「マルキスト」を自称していたが、統一的見解を有することなく、そのせいでビラは出来上がらなかった。リュベルは、彼らの混乱ぶりに驚かされた。そして、マルクスの著作とマルクス主義の文献を真剣に研究し始めることになった。二七年から三五年に出版された『マルクス・エンゲルス全集』（ＭＥＧＡ）のコピーを見つけ出した。このエピソードはきわめて興味ふかい。レジスタンス運動の担い手――恐らく普通の市民だったに違いない――の「混乱ぶり」に直面しなければ、リュベルはマルクス研究を自分の生涯の課題にはしなかったであろう。さらに『マルクス・エンゲルス全集』が刊行されていなければ、そのコピーを入手することは出来ない。

ウィキペディアによれば、マルクスとエンゲルスの全著作を刊行しようという試みは、一九一七年のロシア革命の勝利を土台にして一九二〇年代にはじまった。ロシア革命の勝利がなければ、実現しなかったであろう。二一年にロシアのダヴィト・リャザーノフはエドゥアルト・ベルンシュタインに依頼して、ドイツ社会民主党に保管されていたかれらの原稿の利用を許可された。その結果、ソ連のマルクス・エンゲルス研究所により編集され、『マルクス・エンゲルス全集』の最初の巻が二七年にフランクフルトで刊行され、三五年まで刊行された。これを一九七〇年からの新ＭＥＧＡと区別して、旧ＭＥＧＡと呼ぶ。旧ＭＥＧＡは大月書店から五九年から全五三巻として刊行された。

リャザーノフは一九二〇年にロシアでマルクス・エンゲルス研究所が設立された時、その所長となった人物。三〇年に所長を解任され、ロシア共産党から除名される。三七年に「右派日和見主義のトロツキスト組織」と関連付けられて再逮捕され、翌年にサラトフで銃殺刑に処された。五八年及び八九年に名誉回復された。

話が思わぬところに飛んだが、リュベルに戻ると、彼は四七年にフランス国立科学センターの研究員になる前には「半ば地下生活」すら味わっていた。本稿次節でマルクスの生涯を取り上げるが、両者にはユダヤ人（系）であることだけでなく、通底するところがあったのではないであろうか。

第2節　マルクスの生涯と業績

本節では、五五二頁の大冊『神話なきマルクス』によってマルクスの全生涯を概観する。マルクスは、一八一八年五月五日にプロイセン王国ラインラント地方のトリーアで九人の子どもの第三子として生まれた。父親は弁護士だった。一八八三年三月一四日にイギリスで死去した。六四歳の生涯だった。マルクスは、「成人してからは、ほとんどの年月を流浪の身で過ごし、二六歳からは社会の除け者として扱われ……貧困、病気、家庭内のトラブル」（一〇頁）に悩まされ続けた。リュベルに進む前に、マルクスの功績について確認しておこう。私が二〇一六年に「ソ連邦の崩壊とマルクス主義の責任」で引用したように、「一九九九年、イギリスのＢＢＣ放送は『過去千年間で、もっとも偉大な思想家は誰だと思うか』というアンケート調査をおこない」、「マルクスが圧倒的な第一位でした」――私もこの事実に着目したが、ここでは日本共産党の不破哲三氏から借りよう。『マルクスは生きている』の冒頭でこう確認している。(2)

A　通説を批判するリュベルの基本的立場

まずは、本書でリュベルはどのような立場に立ってマルクスの生涯を明らかにしようとしたのかを確認しよう。「序論」できわめて明快に説明している。その書き出しは「存命中は黙殺されていたカール・マルクス、彼は没後には英雄として神話の対象となって、さらなる被害を蒙った」と記されている。そして「本書は、神話無きマルクスを擁護することを目的としている」。「本書の意図は……伝説的イメージを破壊することにある」と繰り返している。

その「被害」の主な加害者がエンゲルス（一八二〇年～九五年）であったとリュベルは強調する。「誠実な友だったエンゲルスは、マルクスの作品を通俗化し、新しい解釈を加えた」。彼は『反デューリング論』の中で、マルクスを『科学的社会主義者』とし……自己完結的な『マルクス主義』というイデオロギーを無意識に生み出してしまったのだ」。それらは「マルクス自身の意図に反する根本的な曲解である」と、リュベルは断罪する。なお、「序論」では触れられていないが、周知のように、エンゲルスはマルクスに金銭的支援を続けた（本文では繰り返し記述されている）。

このようにリュベルは、マルクス主義、あるいは左翼での通説に鋭角的に批判を加える立場から研究・論述している。そのゆえに、リュベルは日本では敬遠され、過小評価されている。本書の帯には「マルクスは激怒した。私は『マルクス主義者』ではない」と大きく書かれている。この後者の一句はマルクスが晩年に発した言葉である（本書、二三頁、二六頁）。

ただこの「序論」には次のような一句も書かれていることに注意を喚起しておきたい。「現代史はもはや『共産党宣言』が説いたような階級闘争の歴史ではなく、『倫理的』『人間的』『宗教的』とされている価値観を守るために、計画し実行される世界規模での闘争の歴史なのである」（☆）と書いてある。言うまでもなく「歴史は階級闘争の歴史である」は、『共産党宣言』冒頭の周知の一句である。リュベルは後述するように「階級闘争」用語と考え方を容認・継承しているようであり、首尾一貫性が欠けている。後述のように、私はこの名句を誤りであったと批判してきたし、近年は宗教の重要性を強調しているので、この一句に「宗教的」と加えられている点にも興味を抱いた。マルクスは「宗教はアヘンだ」と厳しく批判していたはずである（後述）。

B　マルクスの生涯と業績

マルクスは貧困と病気に悩まされながら膨大な研究・著作を残した。それらを略記する前に、マルクスの足跡について触れておきたい（本書では年ごとに小項目を立てて論述しているので、煩瑣を避けて引用頁は省略する）。

一八二四年に、マルクスはプロテスタントとして「洗礼を受けた」。

一八三五年に、「卒業試験に合格した」（どこの学校かは記載されていない）。「その秋、ボン大学に入学した」。

一八三六年「六月、酔って狼藉を働いたかどで逮捕され……一晩の勾留という判決を受けた」。このころ「短期間に多額の借金をこしらえた」。

同年夏、「幼馴染みの恋人、イェニー・フォン・ヴェストファーレン（一八一四年～八一年）とひそかに婚約した」。「一〇月、法学の勉強を継続するためにベルリン大学に転学した」。

一八三八年に、「マルクスは健康上の理由で陸軍徴兵トリーア委員会によって兵役を免除された」。

一八四三年「一〇月、マルクスと妻はパリに向けドイツを旅立った」。

一八四四年にプルードンと友人になり、「ヘーゲル弁証法について夜な夜な長い議論をする討論相手となった」。プルードンは一八四〇年に『財産とは何か』を著していたアナーキストである。

一八四五年一月、「パリでの活動は突然中断された」。ドイツのプロイセン政府の圧力によるものであった。マルクスは無国籍となった。マルクスは二月にベルギーのブリュッセルに移り、四八年三月まで滞在した。次の行き先はイギリスである。

一八四六年に、「マルクスとエンゲルスは国際的な通信委員会の連絡網を作る実践的プロジェクトを立ち上げた」。プルードンも「支援すると返答した」。

一八四七年「五月に義人同盟ロンドン委員会が国際共産主義者会議を招集することが決定していた」。義人同盟ロンドン委員会は「さまざまな国籍を持つ五〇〇人のメンバーを有し」ていた。

一八四八年から四九年には『新ライン新聞』を編集し、「賃労働と資本」などを書いた。

一八五〇年「六月にはマルクスの大英博物館図書館の閲覧室への入室許可が承認され、……経済学史の徹底的な研究が始まった」。

「この夏、ドイツ人労働者協会の会合で、ドイツの社会主義者、ヴィルヘルム・リープクネヒトと知り合いになった」。

「マルクスの家計には目に見えるような危機の兆候が現れた。三月には家賃滞納のため、借りていたフラットから立ち退きを命じられた。彼らは残った家事道具を質に入れ、ロンドン中心街のドイツ人ホテルに移動した」。妻は友人に「私の夫は、ここでは市民生活のごく些細な心配事で押しつぶされんばかりです」とその苦境を手紙に書いた。

一八五一年六月に、マルクスが妻が連れてきた「メイド」（同居する女性のお手伝い）のヘレーネ・デムートに子どもを産ませていたことが判明した。「この出来事の後、マルクス家では大騒ぎが続いたようである」。

一八五二年「二月の初め、マルクスはハンガリーの将校の訪問を受け」た。彼は「秘密警察の諜報員」だった。彼はマルクスに金銭二五ポンドと引換えに情報提供を求め、マルクスは「追放されているドイツ人亡命グループの著名なメンバーの人物プロフィールを含んだパンフレットを書くという提案を受け入れた」。意見を求められたエンゲルスも同意した。マルクスは「極度な財政的困窮に直面していた」というが、秘密警察への情報提供が許されて良いはずはない。一八五八年の小項目に一カ月の生活費が書かれているが、その総額が二四ポンドである。

一八五三年四月に「マルクスの最初の肝炎の発作」が起きた。

一八五四年五月、「顔面の潰瘍に苦しんだ」。「薬代や医者代にも事欠いた」。

一八五六年九月、妻の親戚の死去によって遺産が入り、『一家はより広い住居に引っ越した」。

一八六一年、この年も「病気と財政難」に悩まされた。

一八六二年、「この年は、マルクス家が最も落胆した物質的苦しみの年」となった。六月にマルクスはエンゲルスに「妻は私に言う。子どもたちと一緒に墓に入ってしまいたい、と」と告白した。

一八六三年末、「皮膚の潰瘍に苦しみ」、「『片足を墓に入れている』状態」となった。

一八六四年二月、「歩くことも立つことも座ることもでき」なくなった。

九月に国際労働者協会（IWA。第一インターナショナル）が創設された。マルクスは欠席したが、綱領作成のための「九人の小委員会メンバーの一人に選出された」。「マルクスは一六年ぶりでバクーニンと出会い……嬉しく思った」とエンゲルスへの手紙に書いた。アメリカのリンカーン大統領にも「挨拶文を書いた」。

一八六五年、第一インターの「創立宣言」は「五万部がドイツで配布された」。

一八六六年九月に、IWAの国際大会がスイスのジュネーブで開催され、「マルクスは中欧評議会の議長に指名された」。

一八六八年、「ひどい頭痛とカルブンケル〔化膿性皮膚炎〕に絶えず苦し」む。九月に「全ドイツ労働者協会はライプツィヒ警察によって解散させられた」。

一八六九年、パリやヨーロッパ大陸を旅行した。

一八七一年三月に、「パリ・コミューン」が勃発する。

「マルクスの生涯の最後の一〇年間は……苦痛と衰退の日々であった」。

一八七八年九月、ドイツの帝国議会で「社会主義者鎮圧法」が提出された。

一八七九年、「健康状態が確実に悪化した」。

一八八三年三月一四日、マルクスはロンドンで死去した。

C　マルクスの膨大な研究・著作

次に、研究論文を執筆するようになってから晩年にいたるまでの主要著作・論文とその要点を略記する。

一八四一年「四月、学位論文の最終稿をイエナ大学哲学学部に送った」。そして、「学位記を授与された」。エピクロスやデモクリトスなどギリシャ哲学史がテーマだった。

一八四二年に、ボンに移り、『ライン新聞』に参加し、編集長となり、「木材窃盗取締法に関する討論」などを執筆した。

一八四四年二月末に一号だけ刊行された『独仏年誌』に「ユダヤ人問題に寄せて」と「ヘーゲル法哲学批判序説」が掲載された。後者には後に有名となる、例の「宗教は民衆のアヘンである」と書かれていた。

リュベルは、「初期の政治経済学批判には、通常『パリ草稿』（日本では『経済学哲学草稿』というほうが分かり易い）と呼ばれている断片的で未完成な四編の草稿が残っている」として、そこでマルクスが「ブルジュア社会の諸制度を批判的に精査」しようとしていると説明している。マルクスは「貨幣」を「普遍的な売春仲介者」と批判した。日本では「疎外された労働」論が良く知られている。

一八四五年、ブリュッセルでエンゲルスとの共著『聖家族、あるいは批判的批判の批判』を刊行してヘーゲル左派を批判した。「マルクスは、歴史の必然性の要因はプロレタリアの諸条件から導き出されると考えた」。

「夏の間、マルクスとエンゲルスは経済学の本質という主題に共同で取り組んだ。エンゲルスはブリュッセル郊外のマルクスの近くに移住した」。マルクスはフォイエルバッハについての批判をメモした。没後、八八年にエンゲルスによって「フォイエルバッハに関するテーゼ」として出版された。

『ドイツ・イデオロギー』の草稿を書いたが、「『ネズミがかじるがままの批判』に任せた」。『ドイツ・イデオロギー』には、「マルクス的分析」の「方法論的手続きの提示、ブルジョア社会分析、未来への動機付け」がまとめられていた。リュベルは「共産主義社会」について、「自分の個性的な自由と発展とがただ共同体の中でのみ獲得されることを理解している個々人の協同社会（アソシエーション）となるだろう。そこでは分業は廃絶され、所有関係が個々人の普遍的な自己表現を妨げられることはもはやない」と要約している。

一八四七年「七月、『哲学の貧困――プルードンの『貧困の哲学』に対する返答』がフランス語で出版された。「マルクスの見解」を、リュベルは「あらゆる歴史の進化は階級対立から生ずる」と要約している（前記で注意を喚起した☆の一句とバッティングする）。

一八四八年二月、『共産党宣言』が刊行された。前年暮れから執筆していたもので「エンゲルスの助力はあった」が、「最終版はマルクス一人の手によるものである」。周知のように、「法、道徳、宗教などは……ブルジョア的偏見に過ぎない」と決めつけられていた。「階級と階級対立を伴う旧いブルジョア社会の代わりに、それぞれの自由な発展がすべての人間の自由な発展の条件である協同社会（アソシエーション）が現れる」とも書いてある。

八月か九月に「ベルリンでバクーニンとも会った」。九月にはウィーンで「賃労働と資本」について講義した。翌年同じタイトルの論文を『新ライン新聞』に連載した。

一八五〇年「三月のはじめハンブルグで『新ライン新聞　政治経済評論』の第一号が出版された」。マルクスの「一八四八年六月の敗北」が掲載された。その第三号の続編でマルクスは、「プロレタリアート独裁」について、「現存の社会関係から生ずる、あらゆる観念の変革」の「前提条件へと至る必要な段階である、と述べた」。

一八五一年には大英博物館図書館での研究で読書した「著書からの抜き書きで一四冊のノートを

埋め尽くした」。どのくらいのサイズのノートかは分からないが、膨大であることは明らかである。

一九五二年三月、前年から執筆していた「『ルイ・ボナパルトのブリュメール一八日』の最終回がニューヨークに送り出された」。そこには「階級闘争は必然的にプロレタリアート独裁へと導く」と記されていた。

年末に「ケルン共産党裁判の真相」を執筆し、翌年にボストンの新聞に分載された。

一八五六年、マルクスは二四本の論説をニューヨークの『デイリー・トリビューン』に寄稿した。「この年前半にスラブの歴史や文学と文化についての集中的な研究を始めた」。

一八五七年、「経済学批判要綱（グルントリッセ）」と題された七冊のノートを書いた。後に『資本論』となる構想の骨子が書かれていた。「価値」や「貨幣」や「資本」が最重要なものとされている。

一八五八年、病気と疲労の中で、経済学の研究を続け、「労働」と「労働力」とを「区別しはじめる」。「資本による労働の搾取の結果が『剰余価値』」だと掴む。

一八五九年、『経済学批判』が出版され始めた。「市民社会の解剖学は政治経済学のうちに求めなければならない」とされ、「ブルジョア的生産諸関係は、社会的生産関係における最後の敵対的形態である……人類社会の前史は終わる」とされた。二つとも良く知られている（「前史」の次が何かと書かなかったので、「前史」とするか、「本史」とするか、が論議を呼んだ。後述）。

年末にカール・フォークトが「マルクスをテロリスト・グループの頭目だ」と誹謗中傷した。

一八六〇年、年末に、マルクスの反論『フォークト』が刊行された。

一八六二年、「剰余価値理論の資料に取りかかった」。夏にダーウィンの『種の起源』を読んだ。

一八六六年、『資本論』の最終版に取りかかる。一一月に「最初の一束」を送るとエンゲルスに伝えた。

一八六七年九月、『資本論』第一巻が刊行された。「初版千部」である。

一八六八年五月まで、『資本論』第三巻のための研究。

一八七一年三月に、「パリ・コミューン」が勃発し、マルクスはすぐに論評する。『フランスにおける内乱』として刊行された。そこでは、「常備軍を廃止して武装した人民に置き換える」とか、「コミューンは、……同時に執行し立法する行動的機関でなければならない」と書かれていた。「普通選挙権」にも触れていた。

七月にニューヨークの新聞に答えて、「ＩＷＡの目的」に関してイギリスを念頭に「平和的な煽動の方が敏速かつ確実に仕事が成し遂げうるところでは、蜂起は狂気の沙汰です」と語った。「労働者の組織化や集会が妨害されているところでは『社会的戦争の暴力的解決』は不可避である」とも付け加えた。九月のＩＷＡの会議でも「可能なところでは平和的方法によって、また必要とあれば武器を取って」と語った。翌年のハーグ大会でもこの二つに触れ、「プロレタリアート独裁」を展望した。マルクスは、一八七八年九月にも、ドイツの帝国議会で提出された「社会主義者鎮圧法」に関連して、革命の形態について、「平和的」と「暴力的」の二つの場合がありうると主張した（四七一頁）。

一八七二年「三月末、ロシア語版の『資本論』第一巻が三〇〇〇冊、サントペテルスブルク〔後のレニングラード〕で出版された」。六月に『フランスにおける内乱』初版九〇〇〇部が刊行された（どこの国か記述なし）。

六月に、『共産党宣言』ドイツ語版の序文で「コミューンは『労働者階級は出来合いの国家機構をそのまま掌握して、自分自身の目的のために行使することはできない』ということを証明した」と書いた。

一九七四年三月、バクーニンと論議することになった。バクーニンがマルクスを「科学的社会主義」とレッテル貼りしたことに対して、マルクスは「自分は『ユートピア社会主義と対比する場合以外に』、科学的社会主義という言葉を決して使ったことがない」と反論した。

一八七五年「一月にマルクスはフランス語版『資本論』の最後の校正と改訂を終えた」。

「アイゼナハ派の社会主義者とラッサール派との合同が」差し迫り、「ドイツ労働者党綱領」が発表され、マルクスは「ドイツ労働者党綱領評注」を書いた。この文書は当時は公開されず、後に一八九一年に『ゴータ綱領批判』として刊行された（なぜかは分からないが、リュベルはそのことに触れていない）。ここでは、革命後の「過渡期の政治形態は『プロレタリアートの革命的独裁』が必要となるだろう」と書かれている。

一八七六年、マルクスは「農業問題、原始共同体の所有関係とロシアの経済関係に集中して」読書した。

一八七七年八月、ケネーの『経済表』を「最も天才的な概括の一つ」と高く評した手紙をエンゲルスに送った。「一一月に『資本論』第二巻の最初の章を書き直した」。

一八七八年七月、「エンゲルスの『反デューリング論』の初版がライプツィヒで出版された。そこでは、「社会主義は科学になった」と強調され、マルクスの「発見」として「唯物史観」と「剰余価値」が特記された。

一八八〇年後半に、「モーガンの『古代社会』について九八頁のノートを作」った。「『資本論』第二巻の発刊を前にしてマルクスは、〔『種の起源』の〕チャールズ・ダーウィンに、自分の著作を捧げようと彼に承認を求めた」。ダーウィンは、「承諾できないと返答した」。ダーウィンは、「マルクスの本は『キリスト教と有神論に真っ向から対抗する議論』を含んでいる恐れがある、と付け加えた」。

一八八一年二月、アナーキスト・グループのメンバーでもある、ロシア人女性革命家ヴェーラ・ザスーリチから手紙を受け取った」。ロシアにおける革命に関連して「農村共同体」をどのように評価すべきかかが論点で、マルクスは「『資本論』には農民の共同体については、賛成も反対の議論も入ってはいない」と答えた。

つづいて、「オランダ社会民主労働党の創設者の一人から、社会主義者の政府が、『勝利』した後に採るべき政策に関して質問を受けた」。マルクスは「そのような質問に現在答えることはできないと応えつつ……パリ・コミューンが社会主義政府のモデルとはなり得ないことを、説明」した。

一八八二年一一月、マルクスが自称「マルクス主義者」に対して、「確かなことは、私はマルクス主義者ではないということです」と憤慨したと、「エンゲルスはベルンシュタインに報告し」た。

なお、リュベルは、本書の各章にその時期の主要な動向・事件などについて記している。

D 小 括

ここまでの記述から明らかになったことをまとめておこう。

第一に、マルクスは貧困と病気に長く悩まされながら研究を続け、膨大な量の論文や手紙を書いたことである。当時は現在と違ってパソコンなどはなく、手書きだと思うが、ただ呆れるほかない分量である。新ＭＥＧＡはエンゲルスも含むが一三三巻一四二冊になる予定だという（リュベルは「全一〇〇巻」としている。二四三頁）。リュベルは他の著述家がどの程度の分量かには触れていないが、レーニン全集は全四七巻、ヘーゲル全集は二〇巻三二冊である。判型や頁数は異なるだろうが、膨大であることは分かる。マルクスは理論的探究の他に時事問題での論評をいろんな新聞に書いた。定職に就いたことのないマルクスの収入源は、新聞や著作の原稿料が主で、エンゲルスや友人からの支援に頼っていた。質屋通いも再三であった。貧困と病気に長く悩まされながら研究者としての生涯を貫いた人物が他にどのくらい存在していたのかは知らないが、著述家としてのこのマルクスの足跡は驚嘆し賞賛するしかない。

マルクスが生きていた時代は、一八四八年にイタリア、フランス、ドイツなどヨーロッパ諸国で革命が起き、七一年のパリ・コミューン〈街頭での戦闘で多数の死者。裁判により三七〇人が死刑、四一〇人が強制労働、四〇〇〇人が要塞禁固、三五〇〇人が海外領土に流刑〉が起き、ドイツで七八年にドイツで社会主義者鎮圧法が敷かれ〈九〇年に廃止〉、労働者の運動が厳しく弾圧されていた。

第二に、マルクスは何を研究したのか。マルクスは自身が「プロレタリア」として捉えた労働して生活する人びとの貧困や抑圧からの解放を求めて、自身が生きている社会を「資本制生産」が軸をなしていると捉え、その資本制生産の仕組みを解明した。『資本論』がその成果である。〈労働力の商品化〉をベースにする、賃労働と資本との対立を基軸にして、利潤の獲得を動機・目的として、生産が実現する。そこでは価値法則が貫かれ、賃労働者は資本家によって搾取される。もう一つ重要なことは、マルクスは、この資本主義社会を人類「前史の最終章」として捉え、そこを克服・突破した未来社会を願望・提示したことである。ただし、その未来を「社会主義」と表現するか「共産主義」とするかは明確に区分されることなく、混同されていた。そして、マルクスは「プロレタリアート独裁」が必要で必然だと考えていた。

第三に、マルクスは第一インターの組織化の中心としても活動し、その交友関係はプルードンなどのアナキストをはじめロバート・オーウェンなど広いものであった。

第四に、この膨大なマルクスの業績をリュベルは克明に跡づけ、「その生涯と著作に関する編年史研究」（『神話なきマルクス』のサブタイトル）として分厚い著作に仕上げた。大変な研究であり、高い賞賛に値いする。『神話なきマルクス』は、マルクスについて研究したり、注目する人は、その内実をどのように評価するかは別として、一読すべき不可欠の労作である。

なお、リュベルは、マルクスが一八歳の時に「酔って狼藉を働いて……一晩の勾留という判決を受けた」とか、二三歳の時に「メイド」を妊娠させたとか、三四歳の時に「秘密警察への情報提供」したという隠しておきたいと思うようなマイナスの出来事についても記述している。「メイド」の妊娠については前に話題になったことがあったが、他の二つの出来事は、今度はじめて教えられた。どんなマイナスも背負っていない聖人君子が存在したのかどうかは分からないが、人間は複雑であると改めて知った。

第3節　リュベルのマルクス理解、その特徴

次に、リュベルはマルクスをどのように理解したのか、その特徴を明らかにしたい。それには『神話なきマルクス』の六年後に刊行された『マルクスへ帰れ』が教えてくれる。

『マルクスへ帰れ』の構成は、以下のようになっている。

第一章　「マルクス伝説」、あるいはマルクス主義の創始者エンゲルス

第二章　社会主義と倫理

第三章　ロシアへの予言的遺言

第一章にはサブタイトルとして、「『マルクス主義の創始者エンゲルス』というテーマについての

観点」と付されている。これだけを見ても、リュベルの主張の強調点がどこにあるのか推測できる。前著で「マルクスの神話化」を鋭く指摘していたリュベルは、本章で詳しく論じている。一九七〇年に東ドイツで「エンゲルスの生誕一五〇周年を記念する国際学術会議」が開催され、一〇ヵ国以上の研究者が五〇人近く参加した。リュベルは報告のための文書を提出したが、「ソヴィエトと東ドイツの同僚たち」がそれを読んで反発し、報告集には「掲載を拒絶された」(三五〜三七頁)。それが本章である。リュベルは冒頭で「マルクス主義は、マルクス本人の思考方法によるマルクス自身のオリジナルな産物ではなく、フリードリッヒ・エンゲルスの心の中に抱かれ、生み出されたものである」(三八頁)と断言する。「マルクス主義という語は、……神話的キャッチフレーズ以外の何ものでもなくなってしまった」(四一頁)。リュベルは、マルクスの「私自身はマルキストではない」という晩年の発言を引いている(四一頁。二三七頁の注)。リュベルは、「マルクス自身がそれ(『ドイツ・イデオロギー』での「歴史の唯物論的概念」)を『史的唯物論』(＝唯物史観)という名で言及したことはなかった」と注記している(二四六頁)。「マルクスはのちに(『経済学批判』の「序文」で)、研究のための『導きの糸』と名付け」(一六八頁)た。それをエンゲルスが一八七八年の『反デューリング論』で「唯物史観」に格上げしたと、リュベルは説明する(『反デューリング論』の抜粋が『空想から科学へ』。本書、七八頁、参照)。そして、リュベルは、ソ連邦などの動向を念頭に「体制化されたマルクス主義のあらゆる形態を……糾弾すること」が「必要」だとこの章を結んでいる。

「第二章　社会主義と倫理」では、「マルクスの夢――ユートピアと革命」と「社会革命についてのマルクスの倫理」という二つの節が設定される。ここでもこの二つの文言が、リュベルの主張を良く表現している。この章ではマルクスの「社会主義論」は「倫理」を基調として貫いていることを強調している。「マルクスの夢」では、「当初はロバート・オーウェンやシャルル・フーリエの弟子であったマルクス」（五三頁）は、「あらゆるユートピアンのうちで最もユートピア的であった」（五五頁）と説明している。そして「協同的コミューン型社会主義のパイオニアとしてのオーウェンに対するマルクスの生涯最期の賛辞」（五四頁）に注意を喚起している。リュベルは、マルクスが「ヘーゲルから借りた」「疎外」概念に着目して、「ユートピアを国家なき、階級なき、貨幣なき社会」（五六頁）として、「資本と国家という鉄鎖から解放され」（五七頁。六二頁も）るものとして強調する。そして、「労働者階級の組織形態として労働組合や諸党派、評議会」について、「労働する人びと自身の自発的、自覚的な創造物である限りにおいてのみ、その存在を正当化される」（五八頁）とする。リュベルは、この節を「社会主義は意識的にユートピア的であり、さもなければ、それは無である」（六四頁）とまで強調して結んでいる。

ユートピアの大切さについては、リュベルに教えてもらわなくても、私は『ロシア革命の再審と社会主義』の「まえがき」の結びで確認した。「ハンガリーの社会学者カール・マンハイムは、二九年に刊行した『イデオロギーとユートピア』（未来社）をこう結んだ。『ユートピアのさまざまな形態を放棄するにつれて、歴史を創ろうとする意志を失い、それとともに歴史を洞察する力をなくしてしまう』（二八二頁）と」。

次の節「社会革命についてのマルクスの倫理」では、キルケゴール、ニーチェ、ヘーゲルに論及し、「キリスト教的諦念の中で賛美される奴隷的道徳に対する〔マルクスの〕非難」（八七頁）に着目する。『ドイツ・イデオロギー』から、「意識が生活を規定するのではなく、生活が意識を規定する」（八九頁）を引用する。「人間の意識と意志は歴史的法則の不易の決定論に従属している」（九〇頁）とリュベルは、マルクスに従って考える。

だが、リュベルは、「マルクスの教説は、解決不可能な矛盾に冒されているように見える」として、「一方で彼は、真に人間的な社会を、資本主義システムのまさに宿命的な崩壊による不可避的な結果として提示する。しかし、他方で彼は、……特別な使命を自覚した高度に意識的な諸個人によって達成されるものとして考える」（九一頁）。これは、「歴史的必然性というテーマ」であり、「最も激しい論争の的となったものの一つであろう」（九二頁）。リュベルは、ローザ・ルクセンブルクの理解が最も優れているとし、さらに一九二六年にアンリ・ドゥ・マンが「マルクスの著述の中にある顕著な断絶、すなわち、社会主義に向けての道徳的原因論の不在」（九六頁）を指摘していたと紹介する。結論として、リュベルは、「マルクスの思想に存在する両義性」（九九頁）――「客観的可能性と倫理的必然性」として捉え、それを「マルクス自身は明確に自覚していた」（一〇一頁）と説明している。

リュベルは、「歴史的必然性」について、「フランスの社会主義者シャルル・アンドラー」から引用している。「人間相互の敵対関係の終結は『宿命論的必然性による不可避的結末なのではなく、人間が滅亡を望まないという事実による。史的唯物論は、そのような人間の生存への意志への呼びかけである』」(一一一頁)。

このような見解を紹介した後で、リュベルは、「マルクスのライフワーク全体を導くライトモチーフは、プロレタリアの自己解放という公準である」(一一五頁)と結論する。

この章の最後は「マルクスの倫理的挑戦」とされている。そこでは「今日の問題で見るならば」で始まる一文で「現代の国家はいまだにブルジョワ支配の道具であるのか、それともそれは新たな少数支配者による……無名の官僚的エリートによる支配の手段」(一一八頁)かと書かれている。なぜ、「マルクスの倫理的挑戦」が問題であるはずなのに、マルクスが生きていない「現代の国家」に話が飛躍するのか。「官僚的エリートによる支配」と書かれているから、リュベルの念頭にはソ連邦が浮かんでいるのであろうが、ここには「ソ連邦」とは一言も書かれていない。小項目が「マルクスの倫理的挑戦と現代」なら良いが、まったく唐突であり、整合性に欠ける。ソ連邦をテーマにするのなら、別の項目を設定すべきである。そして、この問題は第三章の主題とされることになるから、そこで問題にしよう。

それはともかく、リュベルはここで「プロレタリア独裁」について取り上げ、「国家におけるプロレタリアのヘゲモニーという公準はいかなる失敗の可能性をも排除するのだ」(一三五頁)と書く。この一句はとても真面とは思えない。そして「マルクスの思想が挑んだ倫理的挑戦は、一世紀前と同様に現在の人間にとっても、なおその効力を失っていないし、依然として大いなる触発と教訓に満ちたものとしてあり続けている」(同)という。これが第二章の最後の文節の前半である。主語が「マルクス」ではなく、「マルクスの思想」とされているからこの一句はさほど問題はないし、リュベルが「倫理的挑戦」にこだわっていることも分かる。だが、「プロレタリア独裁」を無謬の「ユートピア」と想定するのは観念的倒錯に過ぎない。ここにリュベルの根本的誤りが露呈している。

「第三章」に進もう。「第三章」は「ロシアへの予言的遺言」という一読意味不明のタイトルであるが、一九一七年のロシア革命後のソ連邦をどのように評価したらよいかをテーマにしている。

リュベルは、「注意深い観察者でさえも予期していなかったこと」として、「すでに『科学的社会主義』への帰依を宣言していた指導者たちが、一九一七年一一月、その革命を、プロレタリアートの独裁によって媒介され、それによって保証されるような『社会主義に向かうステップ』として宣言されるようになったことだ」(一三八頁)という回りくどい言い方で論述を始める。リュベルの結論は、「独裁的なボルシェビキのイデオロギーと……マルクスが構想したプロレタリアの独裁の概念とが、決して両立しない」(一三九頁)という点にある。リュベルによると、ロシア革命はボルシェビキの「エリート支配層」が社会主義を「偽装」(一四〇頁)僭称して国家権力を掌握したものとされ、その後のロシアは「全体主義国家と賃金奴隷制」(二二五頁)であると結論される。この八五頁を割いて、リュベルは論述しているが、主に書かれていることは、『共産党宣言』や「ドイツ・イデオロギー」』からマルクスの歴史分析の叙述を引用するだけで、ソ連邦の現実についての分析ではない。マルクスが「ジャコバン主義」(一四四頁)にこだわったとか、エンゲルスは「ロシア帝国は、そこで人間が最も不幸であるような地上での唯一の国である」（一六七頁）と書いたと引用する。「ロシア的悪習が『社会主義的』装いのもと、体制化され」（一六三頁）たものと書く。「一九一七年のロシア革命は、巨大な歴史的重要性を有するきわめて特異な事例である」（一八四頁）と書かれることもあるが、すぐに「ロシア・コミューンの神話」とされてしまう。

「ロシアの歴史的使命に関する」「ロシア的なイデア」は、「マルクスにではな」く「バクーニン、ドストエフスキー、ベルジャーエフなどにおいてである」（一四四頁）とか、プレハーノフなどが「マルクスにコンタクトを取ろうと試みたのは、ジュネーブからだった」として、「ロシア・マルクス主義の生誕の地は、ロシアではなくスイスである」（一九一頁）とか、「実際にはおそらく『すべての権力をソヴィエトへ』という〔ボルシェビキ党の〕スローガンよりも、ロシアの大衆の心を強く、深く動かしたのは、戦争を終結させ土地とパンを与えるという党の公約だったのである」（二〇九頁）という指摘など、学んだほうが良い記述もあるが、「民主主義とは、資本蓄積に邁進するブルジョワジーが搾取される生産者に支払わなければならなかった代償である」（一四七頁）などとも書いてある。前記した、マルクスによる「法律はブルジョアジーの偏見である」の延長かも知れないが、到底同意できない認識である。

リュベルの結論は以下の文言で繰り返される。「レーニンによって提案された革命のプログラムは、その開始時点から、私的資本主義を弱体化させ、国家資本主義の発展を加速する方向へと設定されていた」（二〇七頁）。「レーニンの国有化のプログラム」（同）をまやかしだと決めつける。「レーニンは『国家社会主義』という概念より以上に『国家資本主義』という言葉を使うのをためらわなかった」（二二二頁）。「彼〔レーニン〕があれほど強固に反対したスターリニズムを助長することにもつながった」（二二二頁）。「レーニンと彼の党は、ブルジョワ資本主義的モデルにひけを取らない近代文明をロシアに確立するため、国家支配のための装置を作り出した」（二二三頁）。

レーニン以外にも言及しているが、トロツキーの『ロシア革命史』からの引用は「ボルシェビキ党をして支配装置としての役割を果たすように誘導」（二〇九頁）することを示す例示としてだけ使われる。注のなかでは、「トロツキーの『永続革命の理論』は弁証法による詐術の際立った実例であ」（二五八頁）ると酷評する。ロシアで最も経済学に優れていたとされている、『新しい経済』（原書：一九二六年）の著者プレオブラジェンスキーは「社会主義における資本主義的蓄積法則に対する主要な擁護者であった」（二八一頁）と切り捨てられ、ハンガリーのジェルジュ・ルカーチ（『歴史と階級意識』など）は「ソヴィエトの党と国家における、支配のブルジョワ・イデオロギーそのものだった」（二八二頁）とされる。

「ボルシェビズムとは、プロレタリア経済秩序と国家経済権力という二つの機能をあわせ持つ歴史的権力として現れてくる。……『スターリニズム』は、……国家-資本主義的搾取に基づく経済システムに適合した政治的表現としてみなされなければならない」（二二四頁）。「偽りの社会主義は、真正の資本主義とまったく同様に……利潤と権力を本源的価値としつつ……まったく同じなのである」（二二五頁）。「ロシア・コミューンを全体主義国家と賃金奴隷制の神話として暴露する、その目的のために本論文は書かれた」(同)。これがリュベルの執筆の目的であり結論である。

一九二四年一月に死亡したレーニンが「スターリニズム」に反対することがあり得るのか。細かいことのようであるが、「国家-資本主義」と「国家資本主義」とはいかなる違いがあるのか? 「国家-資本主義的搾取」とは何か、用語の説明は無い。

このようにリュベルはソ連邦をマルクスの理想とはかけ離れた「国家資本主義」と繰り返し断罪するだけである。ここで、次のような文章を想起することが出来る。「空想の翼をどんなに勝手に広げて見ても、マルクスやエンゲルスやレーニンがえがいた労働者国家の輪郭と、今日スターリンを先頭とする現実の国家との間の対照のように、甚だしい対照を想像することは困難であろう」。こう書いたのは、トロツキーである。一九三八年に刊行された『裏切られた革命』[3]である。マルクス、エンゲルス、レーニン、スターリンの間のどこに隔絶した区別線を引いたらよいか、難問ではあるが、リュベルの線引きが妥当ではないことだけは明白である。

リュベルにどうしても答えてもらわなくてはならない問いがある。なぜ、ロシア革命直後に「戦時共産主義」と呼ばれる配給制度を取り入れたのか。すぐに一九二一年三月のクロンシュタットの反乱の直後から「新経済政策」に取って代わられたことに明らかなように、「戦時共産主義」は適正なものではなかったが、それは「国家資本主義」に向かうための試みだったのではなく、資本制経済からいかにして脱却するかという試行錯誤の苦闘だったのである。

「ソ連邦＝国家資本主義」論は、リュベルに限らず主張されているが、この謬論に陥っていたのでは、ロシア革命やその後のレーニンらの苦闘の意味を掴むことは出来ない。「ソ連邦＝国家資本主義」論については、私は一貫して批判を加えてきた（本書九九頁～、参照）。ここでは、すでにトロツキーが『裏切られた革命』で「国家資本主義」論について「それ（「国家資本主義」用語）がなにを意味するかをだれも正確には知らないという点で都合がよい」[4]と皮肉を込めて批判したことだけを指摘しておく。

なお、リュベルは、この章の最後から二つ目の（注173）で或る「非マルキスト」から引用して、「ボルシェビキがマルクスに依拠することができたのは、……社会主義による資本制社会の転換を予言したマルクスにではない。『資本論』において資本主義を記述したマルクスにである」（二八一頁）と書く。すっきりしない文章であるが、もっと分かり易く書けば、マルクスは資本制経済への批判は鋭く明らかにしたが、そこを超えた未来社会については余り明らかにしていなかったということである。この問題でも、リュベルが酷評した人物がはっきりと書いている。「マルクス、エンゲルスは……ソビエト経済の発展によって提起される夥しい諸問題については何も述べていない」[5]と。これは、プレオブレジェンスキーの『新しい経済』からである。同書は後に禁書（多分、一九三〇年代に）となった。私は一九九八年に「協議経済の構想」で引用し[6]、「ソ連邦の崩壊とマルクス主義の責任」で論及した[7]。「社会主義経済における〈分配問題〉――森岡真史氏の提起について」でも引用した[8]。

ところで、共産党の不破哲三氏は「マルクスは社会主義の青写真を描いたことは一度もなかった[9]」と言い出した。だが、その後、「詳細な青写真」と補正した。

ついでながら、プレオブレジェンスキーは「社会主義的な労働刺激は、天から降ってくるものではなく、商品経済において形成された人間性を長期にわたって再教育する方法によって、集団的な生産関係の精神で再教育する方法によって発展させる必要がある[10]」と書いた。私は、この一句を何度も引用してきた。

労働の動機という重要問題と合わせて、生産物の分配も重要である。この点については、トロツキーが『裏切られた革命』で、特権官僚と貧しい労働者の隔絶たる格差を直視して、「皮相な『理論家』は富の分配は、富の生産にくらべて第二次的な要因だということで、自分自身をなぐさめることができる[11]」と辛辣に批判した（「社会主義経済における〈分配問題〉」で引用）。マルクスは『ゴータ綱領批判』で「分配」を「生産」の従属関数として軽視していた。このことに、トロツキーが付言しなかったのは残念である。「分配」の独自の重要性については、「協議生産と生活カード制――連帯社会主義の経済構想」で論及した[12]。

第4節　リュベルによる「市場なき社会主義」の強調

次に、リュベルが「市場なき社会主義」を強調していることを取り上げよう。『マルクスへ帰れ』の六年後の『市場なき社会主義論の系譜』の第一論文の主題である。

本書の「緒論」は、「本書のテーマは、『市場なき社会主義』である」で始まる。「市場は社会主義と両立することはできない。社会主義とは、生産手段と生産活動から生じる財とを、ともに社会こそが所有しコントロールすることを意味するからである」とか、「生産手段と社会的生産がまさに社会そのものによってコントロールされている場合には、市場は存在することができない」と繰り返され、「以上のように、社会主義／共産主義の論理的定義は単純である」とされている。「本書第二章において、ジョン・クランプは、多くの人々に『社会主義』を国家資本主義と同一視させた点において、レーニンと社会民主党とが、ともにいかに重要な役割を果たしたか論じている」。「社会主義は、国家なき社会、階級なき社会、貨幣なき社会等……なのである」（……は原文）と書かれている。

リュベルの「第一章　十九世紀における市場なき社会主義」を検討しよう。まず書かれてあることの要点を列記しよう（小さな節が九つなので、引用頁は省略する）。

「I」節の書き出しは「今日、きわめて数多くの人々にとって、『社会主義』や『共産主義』という言葉は、国家に統制された経済や国家による専制支配を意味するものとしてある」で始まる。「われわれは、そもそものはじめからこれらの言葉が人間的な共同体 community を意味していたことを示したいと思う。この共同体においては、個々人は、それぞれ各自が持つ特有の本性の豊かさをもって、自由に調和的に生き発展していくことができる」。そして、「われわれがなし得ることは、十九世紀の著述家たちの理論を再度呼び起こすこと以外にあり得ない」と、リュベルは書く。

「Ⅱ」節では、「マルクスほど、『市場なき社会主義』に関する首尾一貫した理論家として立ち現れた人は他にいない」と書く。「Ⅲ」節では、マルクスが「市場型社会主義」と「市場なき社会主義」を「対置」していたとし、「Ⅳ」節では、マルクスが「プルードン主義の教義を、ある種特異な『市場型社会主義』の範疇に帰着させている」とする。「Ⅴ」節では、『共産党宣言』(訳文では「マニフェスト」)でのオーエンなどを「『市場なき社会主義』の考え方に最も近い知的風土である」とする。「Ⅵ」節から「Ⅶ」節は省略するが、「Ⅷ」節では、『資本論』に言及し、よく知られている「第二四章第七節」の「資本性的蓄積の歴史的傾向」を「『市場なき社会主義』に関して受け容れ可能な定義を求める際に、われわれが振り返る価値あるものである」と書く。

「Ⅸ」節では、ロシア革命について「レーニンは、新生ロシアの経済システムが社会主義のいかなる形態以上に、むしろ国家資本主義に相似していることを認めるにやぶさかでなかった」と、レーニンからの引用はないままに書く。さらに「もしレーニンが、マルクスの社会理論に従って自らの信条をモデル化したならば」と想定して、「自分の……目的は、……ロシアでは絶滅されてしまったブルジョワジーに代わってその任務を果たすものであることを明確に認めるに至ったであろう」とまで推測する。「市場型資本主義のパイオニアたらんとする野望」とか「計画的国家資本主義のシステム」とか「自発的な被搾取労働に熱情的に参加」とか「近代資本主義ロシアを誕生させる」などとも書く。「結論」では、「マルクスのユートピア的・科学的社会主義だけが唯一、貨幣と国家のラディカルな否定に関する理論であった」と再説して、「マルクスから一〇〇年以上を経た今、われわれはなお、近代の賤民たちによる大衆的反抗を想像し、待ち望む過程にある」と結論する。

以上の紹介から明らかなように、リュベルは「十九世紀における市場なき社会主義」について、ただ引用に終始するだけで、「市場なき社会主義」の内実についてはまったく関心がない。ただこの言葉を繰り返し強調するだけである。「緒論」で「社会そのものによってコントロール」と繰り返しているが、どうやって「コントロール」するのか、一言も説明しない。最後の「Ⅸ」節で、ロシア革命とレーニンについて触れているが、「市場型資本主義」、「計画的国家資本主義」、「近代資本主義ロシア」とかと乱発しているだけである。ソ連邦＝「国家資本主義」説がいかに空論かを自己暴露しているにすぎない。

特徴的なことは、リュベルの「市場なき社会主義」論では、〈市場とは何か〉という本質規定が欠如している。

リュベルに代わって明らかにしよう。〈市場〉とは「貨幣を媒介にして生産物の引換えをおこなう場」である。人間が生産したものは、その生産者が自ら消費する他に、必ず他人が消費する。生産物Aと生産物Bは必ず引き換えられる。その仕方には略奪もあるし、「物ぶつ交換」もある。それらは不都合・不合理なので、生産物に「価格」を付けて「商品」とし、その引換え手段として「貨幣」を使うようになった。その場が市場である。ではこの「貨幣」とは何か？　生産物Aと生産物Bを引き換える際の手段であり、かつ致富機能を有する。近年はマイナス金利が問題になっているが、資本制経済の原理論レベルでは貨幣を所持することは利得を生み出す。いわゆる「お金持ち」

である。このような本質的理解が次に何を可能とするかについては、第7節で明らかにする。

私は、リュベルが「市場なき社会主義」に着目したことについては、大いに賛成である。マルクスの未来社会像を「市場なき社会主義」として特徴づけることは誤っていないし、今日なお継承すべきだと考える。というよりは、この主張がなされていなければ、リュベルの仕事に深入りして注目することはなかった。「社会主義市場経済」が一九九三年から中国の憲法でも取り入れられ、この理論が一定の範囲で唱えられているが、マルクスの未来社会論を受け継ぐなら、「市場なき社会主義」を展望するほかない。この点ではマルクスは誤ってはいない。問題は、その内実をどのように埋めるのかである。ただ「市場なき社会主義」と繰り返し強調し、「われわれはなお、近代の賤民たちによる大衆的反抗を想像し、待ち望む過程にある」と結論するだけでは半歩も先に進まない。

第5節　マルクスの貴重なヒント

ここでリュベルから離れて、マルクスをどのように捉えたら良いのかについて、私の見解を明らかにしよう。本節では、マルクスから学ぶべきものは何かを確認する。

私は三年前二〇一八年に「マルクスの歴史的意義と根本的限界」[13]を書いた。そこでは「マルクスの継承すべき業績」を次のように要約した。

「マルクスは資本制経済の基本的構造を明らかにしただけではなく、資本制経済の終焉を強調し、社会主義の到来を展望した。そこにこそ、マルクスが各国の労働者の運動に強烈な影響を与えた核心があった」。「さらにもう一点、マルクスは自説を母国ドイツ一国の枠を超えて、世界的スケールで構想し主張し実践した。マルクスは、一八六四年にロンドンで結成された、世界最初の国際的な労働者組織である『国際労働者協会』を主導し、その創立宣言と規約を書いた。一八四八年に発せられた『共産党宣言』の結びの著名な一句『万国のプロレタリア団結せよ』に高く掲げられているように、国際的な広がりをもって浸透した」。

　そのうえで、「マルクスの貴重なヒント」として、三つの文章をあげた。以下がその要点である（引用符、省略）。

　A「共同の生産手段を用いて労働し、協議した計画にしたがって多くの個別的労働力を同一の社会的労働力として支出するような、自由な人々の集まりを描くことにしよう」。

　B「諸個人の全面的な発展につれてかれらの生産諸力も成長し、協同組合的な富がそのすべての泉から溢れるばかりに湧きでる」。

　C「そこ〔共産主義社会〕では現在の国家機能に似たどんな社会的機能が生き残るだろうか？」。

（傍点はいずれも村岡）

　Aは、一八七五年に刊行された『資本論』フランス語版からで、誰かが訳したのではなく、マルクス自身が書き上げた。

　BとCは『ゴータ綱領批判』からである。『ゴータ綱領批判』は、マルクスがAと同じ一八七五年に、

「ドイツ社会主義労働者党」がゴータで開催する大会で決定する予定の「綱領草案」に対して私信として執筆した「手稿」で、正式には「ドイツ労働者党綱領評注」である。望月清司の「訳者解説」によれば、「マルクスが抱懐してきた共産主義の未来像とそれへいたる道を、あるていどまとまった形で表明した、ほとんど唯一の文書である」。

これらの三点はいずれもほとんど注目されることもなく、見過ごされている。だが、それらにはマルクスの塾慮が表現されていると、私は考える。以下、簡単に説明する。

まずAについて。これは、『資本論』冒頭の「第一章・商品」の「第四節・商品の物神性とその秘密」での記述である。この部分の原版（ドイツ語）では「共同的生産手段で労働し自分たちの多くの個人的労働力を自覚的に一つの社会的労働力として支出する自由な人々の連合体を考えてみよう」となっていた。つまり、マルクスは「自覚的に」を「協議した計画にしたがって」に書き換えたのである。

フランス人は別として、フランス語版はソ連邦で出版されたのが一九七三年であり、普通はドイツ語版の翻訳を読む（フランス語版は、日本では一九七九年に、江夏美千穂と上杉聰彦によって訳出された）。そのせいもあって、マルクスが書き直した「協議した計画」は見落とされることになった。

私は、この違いに気づき、一九九七年に「『計画経済』の設定は誤り」を書き、さらに翌年に「〈協議経済〉の構想」で〈協議経済〉と創語した。

次に、Bについて。この一句も周知であるが、ほとんどの場合に「協同組合的な」（ゲノッセンシャフトリッヒ）という形容句は無視されて、「溢れ出る富」として流布されている。望月の注によれば、「マルクスが……『ゲノッセンシャフト』という外国語に訳しにくい固有のドイツ語を用いているのはここだけである。……他の著作ではおもに『アソツィアツィオン』（英語なら「アソシエーション」）が用いられる」。

これまた、マルクスの真意がどこにあるかは推測する以外にないが、単に「富が溢れる」とは書かずに、「協同組合的な」と形容句を付したところに、マルクスの思慮深さを読み取ることが出来る。

最後にC。この点を熟慮していれば、後年にレーニンが『国家と革命』で陥ったように「国家の死滅」などと先走って願望するのではなく、資本主義社会を克服した後の社会での政治制度について、経験を基礎にして慎重に考えることになったはずである。――ここまで要点を引用。

さらに、『社会主義はなぜ大切か』で指摘した『資本論』第二巻に一筆してあった「指図証券は貨幣ではない。それは流通しない」[14]も加える必要がある（後述）。

これらの文言に着目すると、何が次に分かるのか。それは第7節で明らかとなる。

第6節　マルクスの誤りと限界、リュベルの見落とし

私は、前節で引いた論文「マルクスの歴史的意義と根本的限界」の一三年前二〇〇五年に『社会主義はなぜ大切か』を著した。その「第3章　『社会主義』に託してきたもの」の「第三節　マル

クス主義的社会主義、その欠陥」で「A　マルクスの五つの欠陥」を明らかにした。羅列すると、「愛や平等を軽視」、「法学的志向の軽視」、「民主政の無理解」、「農業の過小評価」、「思考法での唯我独尊の傾向」である。

「マルクスの歴史的意義と根本的限界」では、マルクスの誤りとして「歴史は階級闘争の歴史である」と冒頭に記されている『共産党宣言』に書いてある周知の文言を列記したので、重ねて引用だけする[15]（引用符、省略）。

D「近代的国家権力は、単に全ブルジョア階級の共通の事務を司る委員会にすぎない」。

E「法律、道徳、宗教は、プロレタリアにとっては、すべてブルジョア的偏見であって、それらすべての背後にはブルジョア的利益がかくされている」。

F「プロレタリア階級は、まずはじめに政治的支配を獲得し、国民的階級にまでのぼり、みずから国民とならねばならない」。

G1「ブルジョア階級を強力的〔国民文庫版では「暴力的」〕に崩壊させ、プロレタリア階級がその支配を打ち立てる」。

G2「共産主義者は……これまでのいっさいの社会秩序を強力的〔国民文庫版では「暴力的」〕に転覆する……と宣言する」。

DもEも錯誤にすぎない。近代社会の法律は、民主政の下では国会によって制定されるのであり、「全ブルジョア階級の共通の事務を司る委員会」によって決定されることはない。もちろん、個別の資本家の願望や狙いも大きく作用する。従って、国会議員を選ぶ選挙制度がきわめて重要な意味をもつ。――ここまでは「マルクスの歴史的意義と根本的限界」で明らかにした。

DからG2の根底には「歴史は階級闘争の歴史である」という牢固とした観念が貫かれている。マルクスが政治学に弱かったことについては、共通の認識になりつつある。一九九八年に青木書店から『マルクス・カテゴリー事典』（五九九頁）が刊行され、一三九項目の「基本概念」が収録されているが、政治に関連する項目は少ない。「国家」については田口富久治氏が「マルクスの国家理論は全体として未完成のまま残された」と書き、「政党」では加藤哲郎氏が「マルクスの政党論から学びうるものは多くはない」と書いている[16]。そのことは、二〇一六年に書いた「ソ連邦の崩壊とマルクス主義の責任」で論述した[17]。

何が根本的問題だったのか。「歴史は階級闘争の歴史である」こそが問題の急所だった。この一句は長く日本左翼の常識となっていた。例えば、日本共産党の不破哲三氏は、一九六三年に実兄の上田耕一郎との共著『マルクス主義と現代イデオロギー』で、「『国家は階級支配の機関である』というマルクスやレーニンの国家の本質的規定」とか、「ブルジョア民主主義は、ブルジョア独裁の一つの統治形態であり、ブルジョア独裁は、ブルジョア民主主義国家の階級的本質である[18]」（傍点：原文）と書いていた。

これらの教条が孫悟空の頭に嵌められた環のように作用して、マルクス主義者は近代の民主政の核心を認識できずに反発し見失ったのである。

なお、近年、不破氏は、こっそりと「階級闘争」を放棄しつつあるようでもある。二〇一五年に著した『マルクスと友達になろう』では「政治を動かす支配階級」などと、「階級」を強調していながら、なぜか「階級闘争」とは言わない[19]（不破理論への批判は別著『不破哲三と日本共産党』で明らかにしたので、本稿では省略する）。また、昨年二〇二〇年の第二八回党大会で改定された「綱領」には、「労働者階級」は二回登場するが、「資本家」も「階級闘争」も出てこない。日本とアメリカの「支配勢力」が一度づつ書かれているだけである（なお、一九六一年の第八回党大会で決定した「綱領」でもほぼ同じ）。最近では志位和夫委員長が「『赤旗』新入局員の党学校」で党綱領についての講義を五月二六日に行ったが、そこでも「戦後日本の支配勢力」と語られている。その三日前の「学生オンラインゼミ」では、「大企業と富裕層」だけで「資本家」も「労働者」も出て来ない。「人間による人間の搾取」とされている[20]。二〇〇四年に廃止された「独習指定文献」からは『共産党宣言』が外されていた。どうやら共産党では「資本家」や「支配階級」は存在しなくなったようである。

つまり、今日では、「階級国家」論は完全に無効となったのである（ただし、「階級国家」論は、近代以前の社会については有効である）。

この「階級闘争」史観は、もう一つ「歴史の必然性」認識と一体である。私は二〇一六年に発表した「ソ連邦の崩壊とマルクス主義の責任」で次のように再説した。——この問題については、私は一九九七年に、「ロシア革命と『歴史の必然性』の罠」でその誤りを批判した。保住敏彦氏から引用して明確にしたように、正統派からは改良主義者と排斥されたベルンシュタインは「社会主義への移行の必然性を主張するのではなく、社会主義が倫理的に望ましいという理由から、社会主義を主張したのである」。また、昭和天皇の教育係りも務めた小泉信三は一九四九年に『共産主義批判の常識』で、「必然性」ではなく、「社会主義の到来はある蓋然性をもつ」と明らかにしていた。第3節でシャルル・アンドラーの理解――「宿命論的必然性による不可避的結末なのではなく、人間が滅亡を望まないという事実による」を引いておいたが、これが正解だと、私は考える。なお、『マルクス・カテゴリー事典』には「歴史の必然性」も項目にない。

「あの理論は誤りだった」というだけでは、半歩も進むことはできない。では正しくは〈いかに理解すべきなのか〉こそが重要なのである。私は、一九二一〜二三年にワイマール共和国の司法大臣にもなった法学者グスタフ・ラートブルフに学ぶことにした。「ソ連邦の崩壊とマルクス主義の責任」で明らかにした。「ラートブルフは一九二九年に『ブルジョアジーは自由を法の形式で要求したために、この自由は万人のための自由となっ』と明らかにした。小林直樹氏が『憲法の構成原理』でラートブルフを引いて明確に強調しているように、ここにこそ、近代デモクラシー〈民主政〉の核心がある。小林氏は『国民主権は、少なくも建前の上では、万人に法の下での平等と自由を解放し、参政の権利を与えたために、ひとつの階級による・憲法の永続的な独占を不可能にしてしまった』と明らかにした。ついでながら、一九三〇年前後にオーストリアに留学した尾高朝雄もラートブルフに学び、小林氏は尾高の高弟である。こうして真理は連綿と受け継がれるのである」(21)。

マルクスの誤りについて、『社会主義はなぜ大切か』で論及したもう一点を追加する。マルクスは『ゴータ綱領批判』で、未来社会では「個人的な労働は……直接に、総労働の諸構成部分」になると書いた。だが、労働や生産物が「直接に社会的な」ものになることはけっしてない。このことについては、藤田整氏がソ連邦の研究者から引いて「理論的にドグマ」であると明らかにしていた[22]。

Eに出て来る「宗教」については、マルクスは前記のように一八四四年に「ヘーゲル法哲学批判序説」で「宗教は民衆のアヘンである」と書き（七三頁）、四七年には「宗教はプロレタリアートの利益に役立ったことは一度もなかった。特にキリスト教は、階級支配の必要性を説教し、天国での報いと清浄さを約束することによって抑圧された大衆を慰撫する」と書いた（一一三頁）。マルクスの宗教理解が根本的に誤っていたことについては『宗教と社会主義との共振』などで詳述したので参照してほしい。

リュベルを新しく知ったので少し付け加える。リュベルは、前記のAからG2のうちEを除いてその他は引用していない。ただし、Bの「協同組合的な」に関連するが、第2節Cで引用したように「協同社会（アソシエーション）」には何度か着目している。G1とG2については「暴力」行使や「プロレタリアート独裁」に何度か触れている。

Cについては、リュベルが「国家と貨幣なき」という点を強調しているがゆえに、その見落としは看過できない。折角マルクスが「現在の国家機能に似たどんな社会的機能が生き残るだろうか？」と問いを立てたのだから、その先について思案しなくてはならないはずである。そこに少しでも留意すれば、同時に「国家機能」と合わせて、「貨幣に似たどんな社会的機能が生き残るだろうか？」

と問うことも出来たはずである。だが、リュベルはその先に進むことはない。ただ、マルクスの周知の言葉を繰り返すだけである。

もう一つ、追加すべきことがある。マルクスは前記のように、死の二年前に「社会主義者の政府が、『勝利』した後に採るべき政策に関して質問を受け」、「そのような質問に現在答えることはできないと応え」た。つづけて「パリ・コミューンが社会主義政府のモデルとはなり得ないことを、説明」した点も重要であるが、「勝利した後に採るべき政策」については「現在答えることはできない」としても必ず答えなくてはならない要点である。この問答については、リュベルによって初めて教えられたが、リュベルは問答があったとは言及するが、これまたその先を思案することはなく、答えようとはしない。「ユートピア」を偏重するリュベルの根本的弱点・誤りである。

さらに、〈多様性〉について明らかにしたほうが良い。私は、二〇〇二年に「多様性と自由・平等」で、「マルクス主義は〈多様性〉を軽視」と節（第2節）を立てて明らかにし、「アイデンティティの拡散と合意形成の困難性」（第5節）に注意を喚起した。[23] 多様性を軽視・無視するマルクスの思考傾向は、『ゴータ綱領批判』で一筆した「諸個人の全面発達」に通底する。全ての人間が「全面発達」したら、論理的には一切の個性は消失する。それでは「多様性」を認めなくなるのは当然である。この指摘については、森岡真史氏が『ソ連邦の崩壊と社会主義』への書評「マルクス主義の責任の明確化」で「きわめて鋭い指摘である」[24]と高く評価した。

だが、私たちとは逆に「全面的に発達した人間」なるものを全面的に賞賛する人もいる。その典型が不破哲三氏である。不破氏は『マルクスは生きている』で「人間の本史」について「人間の全面的発達の問題」が重要だと説明し、『古典への招待』上巻では、「マルクスは『資本論』で構成員が『全面的に発達した人間』となるだろうことを、くりかえし力説しました」と強調している。[25]なお、「本史」も不適切である。「周知のように、マルクスは『経済学批判・序言』で『人間社会の前史が終わる』と書いた。だが、マルクスはその後の時代については語らなかった。不破氏は『本史』とするが、私は梅本克己に学んで〈後史〉が適切であると繰り返し明らかにしている。『前史』を本来的ではない、抜け殻のようなものと認識すべきではないからである。[26]

マルクスの思考・理論の特徴についても触れておこう。『資本論』「序言」の結びの次の一句は有名である。「なんじの道を進め、人びとをして語るにまかせよ」。このマルクスの姿勢は正しいであろうか。左翼の活動家は、この警句を決意をもって革命運動に挺身する者の矜持でもあるかに受け取って、「俺はがんばるぞ！」と励みにしたが、それで良かったのか。人びとからの理解こそが必要なのであり、独りよがりの高慢な上から目線ではとても共感を生み出すことはできない。

最後に、〈マルクスの責任〉について明らかにしよう。人間はその人の死後に起きた出来事についてどのような責任を負っているのであろうか。遺言が後継者をどの程度に縛るものか、定かであるわけではない。だから、マルクスにしても彼の死後にその後継者や同調者がマルクスをどのように理解したかについて、どこまで責任を取るべきか、問われても困惑するに違いない。とはいえ、いくつもの著作を著したりした文筆家には相応の責任があることは明白である。

第3節で触れたように、リュベルは、マルクスが「導きの糸」と書いただけなのに、それを「唯物史観」と格上げして強調したエンゲルスを厳しくとがめているが、仮にマルクスが、そこに一言だけ「『導きの糸』を一般化して拡大解釈してはならない」とでも付言しておけば、エンゲルスの「曲解」は生じることはなかったであろう。それに、前記のようにエンゲルスが『反デューリング論』で「社会主義は科学になった」とか、マルクスの「発見」として「唯物史観」と「剰余価値」を特記したのは一八七八年七月だったのだから、なぜマルクスは「その理解は行き過ぎだ」と注意しなかったのか。

リュベルはレーニンなどがマルクスを曲解し、利用（悪用）したと繰り返し強調しているが、なぜそんなことが可能だったのであろうか。もし、マルクスが「後進国ロシアには、私の理論は適用も活用も出来ない」と書いていたとしたら、レーニンなどはマルクスに近寄るだろうか？　あるいは〈民主政〉について正しく理解していて、「暴力革命」や「プロレタリアート独裁」を主張することなく、あるいは「共産党による代行は許しがたい」とでも書き残していれば、レーニンなどはマルクスに依拠したり、活用することはなかったであろう。逆に言えば、マルクスには「悪用」される隙があったのである。マルクスは曲解されたのではなく、都合良く「活用」されたのである。スターリン時代には、マルクスの著作などは不都合な部分は隠蔽されることもあったが、スターリン時代の誤りを批判する上で有効な文言が書き残されていれば、誰かが見つけ出して批判のテコとして活用したであろう。

同じ教条を何十年も飽きることなく繰り返す人がいないわけではないが、何かを真剣に探究する人の多くは若い時に主張していた論点を熟年になれば変更（深化）することが少なくない。その場合にはけじめを明確にして変更すればよい。ましてマルクスは普通の人ではなく、晩年は『共産党宣言』や『資本論』の執筆者として有名人である。論文を発表したり、著作を刊行したりすることが出来ない人なら、自説を述べたり、訂正を公表する機会もないであろうが、マルクスには自説訂正の機会は与えられていた。例えば第2節Cで触れたように、『共産党宣言』は各国語に訳され、一八七二年六月にドイツ語版の序文でパリ・コミューンについて追記した。第3節で指摘した諸点について、誤っていたと気づいたなら、訂正する必要もその機会もあったはずである。そうしていないということは、マルクスはそれらの諸点を正しいと信じていたのか、訂正と明示するほどには考えていなかったのであろう。いずれにしても、マルクスには大きな責任がある。

このことは逆方向にも作用する。前記のような限界や誤りを残していたがゆえに、『資本論』に示されている、経済学上の正しい解明が広がりにくくなった。一般的に、身長が低く太った人の言説は信用しない、などということはないが、政治学について初歩的理解が欠如したり誤っている人の経済学の理論は信用できない（その逆も同じ）と処理されることはある。人格に欠損があれば、その理論も信用されにくい。このようないわば弊害を少なくするためには、受け取る側としては、どこかに欠陥が残っていても、正しい認識には同意・共鳴する柔軟な姿勢が求められるし、「与える」ほうとしては、自らの弱点を十分にわきまえる姿勢が必要である。

リュベルは既成の「マルクス主義」の誤りについては極めて厳しく批判を加えているが、マルクスについて、その誤りはおろか弱点、時代的制約についてはまったく指摘・切開していない。また、リュベルは著名なロシア史研究家のE・H・カー（『ロシア革命の考察』みすず書房、一九六九年の著者）やアイザック・ドイッチャー（『トロツキー伝』三部作、新潮社、一九六四年の著者）やアレク・ノーヴ（『ソ連経済史』岩波書店、一九八二年の著者）にまったく触れていないことも指摘しておく。ドイッチャーはプレオブラジェンスキーを高く評価していた（『新しい経済』の「訳者あとがき」四四九頁）。

本節で明らかにしたマルクスとリュベルの誤りと限界をどのように超えなくてはならないのか、次節で取り上げる。

第7節　マルクスを超える課題の探究

『マルクスの業績と限界』の「あとがき」で確認したように、改めて言うまでもなく、「マルクスをどう評価するかよりも、歴史の教訓は何かを探るほうがはるかに大きな意義がある」。この基本的立場に立って、マルクスを超える課題を探究しなくてはならない。本節では二つの課題を取り上げる。一つは「ロシア革命とソ連邦は何だったのか」である。もう一つは私たちが目指すべき〈社会主義像〉である（もちろん、この二つ以外にも現代資本主義の動向、世界政治での国際的対立の動向なども大きな難題であるが、それらは私の守備範囲ではない）。本論に入る前に、この二つの課題の重要性について確認する必要がある。

A　課題設定の重要性

私は二〇一四年に「『ソ連邦＝党主指令社会』論の意義」を発表した（本書に収録）。その「第1節　基本的立場と姿勢」で、次の四点を確認した（引用符は省略）。

第一に、世界史において積極的な業績としてその軌跡を残したロシア革命は、一九二四年一月のレーニンの死後、スターリンによって主導されることになり、各国の革命運動にとってもロシア国内の政策においても逸脱を深め、共産党指導部による強圧的な政治に陥った。一九二〇年代以降にスターリンの政治に反対する者は「反革命罪」で五〇〇カ所にも及ぶ強制労働収容所（＝ラーゲリ）に収容された。その数は数百万人から数千万人説がある。

それゆえに、ロシア革命とソ連邦を解明することは、この肯定面と否定面を合わせて明らかにしなければならない難問となった。これが、第二点である。

第三に、ソ連邦崩壊後には新しい課題が追加される。ロシア革命とソ連邦はマルクス主義によって主導されていると、長い間、当事者によって自称・宣伝され、外部の観察者によってもそう思われてきた。それゆえに、ロシア革命とソ連邦を解明することは、同時にマルクス主義の内実を俎上にのせて再審することでもあらねばならない。そこで犯された重大な誤謬や逸脱に、マルクス主義は責任を負う必要はないのか、という厳しい反省を迫るはずである。

第四に、この問題をめぐる思索と探究は、〈社会主義像〉の深化・豊富化として結実する方向でなされなければならない。私たちがソ連邦論に関心を寄せるのは、日本において社会主義を実現するという志向性の故である。

さらに「ソ連邦の崩壊とマルクス主義の責任」でも再説した。

ソ連邦の崩壊はマルクス主義の責任を明確にすることを求めている。なぜなら、マルクス主義者は、ロシア革命の勝利を支えた理論的支柱がマルクス主義だと説明し、この勝利はマルクス主義の正しさの歴史的例証だと誇りにしてきたからである。そうであるならば、ソ連邦の崩壊についてその責任を負うべきである。調子のよい時には、自らの成果だと威張り、調子が悪くなると無関係だと装うのは真ともではない。日本共産党は、ソ連邦が崩壊した三年後九四年の第二〇回党大会でソ連邦などは「社会主義と無縁」と言い始めた。だが、ソ連邦共産党とは一時期は論争・対立したこともあるが、関係修復した後、八六年には不破哲三副委員長が、ペレストロイカを主導したゴルバチョフ書記長にどちらが先に面会するか、社会党の土井たか子委員長と先陣争いをしたほどであった（二日前に会えた）[27]。

いつ、そういう時代が到来するかは確言できないが、仮に資本主義社会の限界が誰の目にも明らかとなり、その克服を目指す運動や勢力が大きな力を発揮するようになると、そうなることを望まない勢力から、「社会を変革すると言うが、ソ連邦の失敗の二の舞になるだけだ」という非難の声が強まるに違いない。この反発に適切に応えるためには、ソ連邦は何だったのか、その誤りからどのような教訓を引き出したのか、説得力をもって説明する必要がある。同時に〈社会主義像〉を明確に提示することもきわめて重要である。現状が破綻し、絶望しかないかのように多くの人が思う時に、そこを超える未来社会についてその大筋を説明できなければ、多数の人びとを組織し、共同の歩みを創出することは出来ない。

B ロシア革命とソ連邦は何だったのか

まず「ロシア革命とソ連邦は何だったのか」を明らかにしよう。

ロシア革命はマルクス死後三四年の一九一七年に起きたのだから、断るまでもなく、マルクスの守備範囲の外である。重要なポイントをまずはっきりさせる必要がある。この課題は、〈社会主義に向けての歴史の教訓は何だったのか〉という問いと一体不可分である。仮に考察の結果として、「そんなものはどこにも無い。否定的出来事しか残されていない」ということになれば、この後者の問いは無駄だということになる。だが、そうはならない。すでに「労働の動機」についてはプレオブラジェンスキーから、「分配」についてはトロツキーから引用しておいたように、この重要な二つの問題について、教訓として学ぶことが出来た私たちは、リュベルとは異なる考察を深める。

たびたび引用する「ソ連邦の崩壊とマルクス主義の責任」で次のように明らかにした。

一九一七年のロシア革命を起点にして二二年一二月に「ソヴィエト社会主義共和国連邦」（略称：ソ連邦）が誕生した。そして、九一年一二月にソ連邦は崩壊した。まず、国名には日本とかアメリカとかという地名がないことに注意する必要がある。革命の未来をロシア一国ではなく、国際的広がりを視野にして考えていたからである。

私は、『坂の上の雲』などでファンも多く、歴史を深く捉えていた司馬遼太郎が同書の「余談のつもり」として書いた『ロシアについて』からロシアの「特殊性」と「普遍的なもの」について学び、E・H・カーも「特殊にロシア的な諸条件」に着目していたことを引き、トロツキーは『ロシア革命史』の第一巻の最初で「ロシア的発展の特殊性」と設定していたことを確認した。ロシアは、遅れた資本主義国だった。遅れた国がなぜイギリスやフランスのような先進国よりも先に社会主義に進むことができるのか？　トロツキーは『ロシア革命史』や一九二九年の『永続革命論』で「不均等複合発展」として、「歴史的段階の飛躍」を説明した（問題は、この「飛躍」が加重する課題があまりに大きく、その重圧によって理想は押しつぶされ、「スターリン主義」を帰結してしまったことにある）。[28]

ソ連邦のなかの「普遍的なもの」としては、〈経済における計画性〉に着目しなくてはならない。今日でこそ、国家予算、国家統計、年次計画などは日常語となり、当たり前の常識となり、国家の経済政策が大問題とされているが、これらはみなロシア革命のおかげで資本制経済に導入されたのである。ソ連邦経済の特徴をなす「五カ年計画」では、利潤ではなく、計画に重点が置かれるようになった。別稿で取り上げた「社会主義経済計算論争」を勉強したさいに知ったのであるが、一九三一年にはアムステルダムで「世界計画経済会議」が米ソなど主要国二〇有余から著名な経済学者が参加して開催され、会議の名称に「計画経済」と明記された。二年前に資本主義国では大恐慌で混乱していた時期にである[29]。

私が一九九七年に発表した「『計画経済』の設定は誤り」で明らかにしたように、マルクスもレーニンも「計画経済」とは書いていない。この言葉はワイマール共和国の大蔵大臣と次官が一九一九年に初めて使った。「ハイエクによれば〔彼らが〕『計画経済』の『発明者』である[30]」。そしてレーニンの死後、「計画経済」と呼び習わされていく。だが、私が二〇〇五年に「ソ連邦崩壊から何を学ぶべきか」でスターリンやH・ツァゴロフの言説を引いて明らかにしたように「『計画経済』は当初から〈指令経済〉と命名するにふさわしいものだったのである[31]」。

ついでながら、二〇一一年の3・11東日本原発震災の直後に東京電力が「計画停電」を実施した。この時、右派の「読売新聞」と「産経新聞」は、一面トップ見出しを「輪番停電」なる珍しい言葉で打ち出した。「赤旗」も「輪番停電」と書いた（翌日からは「計画停電」に変更）。私は、直後に発表した「地球からの警鐘」で、「なぜ『輪番停電』と言うのか。『計画経済』へと連想が拡がることに本能的恐怖を感じているからに違いない[32]」と指摘した。ソ連邦についての記憶も薄れたので、「輪番停電」なる珍語も死語となった。

なお、第5節で「マルクスの貴重なヒント」をあげ、そこに留意する意味は何かについては保留しておいたが、ここまで読み進んだ読者なら、その意味を理解できるであろう。「貨幣」を〈生活カード〉に変え、「市場」を〈引換え場〉に変えることを着想できたのである。

ソ連邦崩壊の後、ソ連邦は「国家資本主義」に過ぎなかったという珍説が散発した。珍説と評するのは、ソ連邦経済の特質である「闇経済」や「指令」に着目することもできず、生産の動機が利潤にあると説明できないのに、「資本主義」と強弁しているからである。実は、この呼称は一九二〇年代にすでにオーストリアの社会主義者によってソ連邦批判のレッテルとされていた。そして、前記のようにトロツキーは『裏切られた革命』で「それ〔「国家資本主義」用語〕がなにを意味するかをだれも正確には知らないという点で都合がよい」と皮肉を込めて批判していた。最近では斎藤幸平氏が『人新世の「資本論」』で「ソ連は、……結果的には『国家資本主義』と呼ぶべき代物になってしまった[33]」と書いた。ついでながら、同書冒頭には「はじめに――ＳＤＧｓは『大衆のアヘン』である」と書かれていて、「マルクスは……『宗教』を『大衆のアヘン』だと批判した」と肯定的に書いてある。二つとも大きな誤りである（本書、「付録3」を参照）。

私は、「ソ連邦＝国家資本主義」論に対しては、一九九六年に「『ソ連邦＝国家資本主義』説は論証されたか」（『協議型社会主義の模索』に収録）などで批判を加え、日本共産党に対しては翌年に「『生成期社会主義』説を放棄したあとで」（同）などを書いた。共産党は、一九七〇年代には「社会主義生成期」論を唱えていたが、九四年の第二〇回党大会で「社会主義とは無縁」と言い出し、二〇〇四年の綱領で確認した。

前記のように、「基本的立場と姿勢」を確認した、「『ソ連邦＝党主指令社会』論の意義」の冒頭で「トロツキーに学んで一九七〇年代半ばから一貫して、ソ連邦を「資本主義から社会主義への過渡期社会」だと主張してきた。近年は〈党主指令社会〉として明らかにしている」と書いた。そして「第

2節　三つの誤った『理論』」として「国家資本主義」説、『国家社会主義」説、「社会主義とは無縁」説を批判した。

さらに「第3節　トロツキーの「堕落した労働者国家』論の有効性」を確認し、「第4節　村岡ソ連邦論の到達点」として、ソ連邦の経済システムについては、塩川伸明氏やデーヴィッド・レーンを引いて、「指令経済」として捉えるべきだと明らかにした（「ソ連邦経済の特徴と本質」）。また、政治システムについては、二〇〇三年の「『社会』の規定と党主政」で〈党主政〉と創語して明らかにした。〈民主政〉（普通には「民主主義」とか「民主制」とされているが、「政治制度」であることを明示するためには〈民主政〉がよい）の対概念である。ソ連邦の一九七七年憲法の第六条には「ソ連邦共産党は、ソヴィエト社会の指導的および嚮導的な力であり、その政治システム、国家組織および社会団体の中核である」と明記され、共産党は、憲法上で特別な位置が与えられていた。マルクスの「プロレタリアート独裁」論の延長に、共産党の役割の増大と民主政の不在を基礎にして生み出されたのである。

これらの問題については、「『ソ連邦＝党主指令社会』論の意義」（本書に収録）をぜひ参照してほしい。ソ連邦の歴史・実態と崩壊後における、社会主義を志向する研究者の探究動向については、岡田進氏が『フラタニティ』の連載「ロシアの政治経済思潮」[34]で追っている。

C　目指すべき〈社会主義像〉

最後に、目指すべき〈社会主義像〉について明らかにしよう。この課題については、少し前に「宗教と社会主義との共振（再論）」[35]で論述したので、そこから要点だけを引用する（引用符は省略）。

近年、「資本主義の限界」に言及する著作や言説が増えている。経済成長が望めなくなり、貧富の格差が拡大し顕在化しているからである。斎藤氏の前記の著作は二五万部も売れた。コロナ禍が追い風となっている。「赤旗」では、「資本主義〝限界〟広がる声」と見出しを立ててフランシスコ・ローマ教皇の発言やアメリカのCNNテレビの報道を紹介している（二〇二〇年一二月二二日）。多くの人が、「資本主義の限界」に気づくことは前進である。だが、それらの論著では「ポスト資本主義」とは書くが、「社会主義」は忌避されている。一九九一年末のソ連邦の崩壊の後、「歴史の終焉」とか「社会主義の敗北」が流行言葉になったが、その影響であろう。だが、共産党のように、ソ連邦は「社会主義とは無縁」などと切り捨てるのではなく、歴史の経験から教訓を引き出すことこそが必要なのであり、〈社会主義像〉を豊かにすることこそが求められている、と私は考える。私はこの立場から、一九九二年に「レーニンの『社会主義』の限界」[36]を発表し、以後、このテーマで『ソ連邦の崩壊と社会主義――ロシア革命１００年を前に』など数冊の著作を執筆・編集してきた。資本主義批判を「〈社会主義〉へと架橋する」ために「資本主義克服社会」[37]という試論を提起した。

(1)　経済システムの変革

第一に、これまで一貫して強調してきたように、社会主義革命の核心は経済システムの変革にある。社会は、経済、政治、文化の三つの領域によって構成されている。この三つがどのように関連しているのかについては、マルクスが提唱した唯物史観では経済が土台でその上に上部構造として政治が存在すると考えられ、「歴史の必然性」や「生産力の拡大・発展」が強調されてきた。いわば経済決定論となるほかない唯物史観について、私は、二〇〇〇年末に「『唯物史観』の根本的検討」を発表し、二〇〇九年にそれを越える〈複合史観〉を「唯物史観から複合史観へ」[38]で提起した。

では経済システムは何から何へと変革されるのか。一八世紀半ばのイギリスにおける産業革命を経て形成され、やがて全世界に広がった資本制経済は、賃労働と資本との関係を基軸として成立し、利潤追求を生産の動機・目的としている。〈労働力の商品化〉がその最奥の根拠となっていて、資本家が労働者を搾取し、価値法則が貫かれている。この基軸的関係を変革することが社会主義革命の目標である。

問題は、賃労働と資本との関係を廃絶してどのような経済システムを実現するのか、である。

私は、一九九八年に「〈協議経済〉の構想[39]」で、目指すべきは〈協議経済〉であると提起した。ヒントは、マルクスが『資本論』フランス語版で一箇した「協議した計画」にある。〈協議経済〉の核心は、生産手段の社会化を土台にして「協議した計画」によって生産を調整・実現して、貨幣に代わる〈生活カード〉によって生産物の引換えを行う点にある（「〈生存権〉と〈生活カード制〉の構想[40]」参照）。そして労働の動機は、誇りをめぐる競争＝〈誇競〉となる。〈誇競〉については「創語録」で説明したが、幸徳秋水が一九〇三年に『社会主義神髄』で「知徳の競争」と書いていた。

ロシア革命の後に「社会主義経済計算論争」が国際的に論議となったが、ソ連邦の経済学者が「机上の空論」と反発することしか出来なかったのは、マルクスがこの問題については何もはっきりしたことを書いてなかったからである。私は「『価値・価格論争』は何を意味していたのか」[41]や村岡到編『原典　社会主義経済計算論争』の「解説」[42]でこのことを明らかにした。一点だけ、確認しておきたいが、この論争のなかでクルト・ロートシルトは「成長それ自体と生産および消費の不断の拡大とは、社会主義の究極目標ではなく、それは新しい型の社会と人間へひとりでに導くわけではない」と一九六七年に明らかにしていた！

(2)　社会主義革命の諸課題

前項で明らかにしたように、経済システムの変革（＝賃労働と資本の基軸的関係の変革）こそが社会主義革命の核心であるが、私たちは、この変革を基礎にして社会が抱えているさまざまな問題を解決しなくてはならない。二一世紀も二〇年経たが、人類はさまざまな難題に直面している。大きく挙げれば、次の五つとなる。

①核兵器の廃絶をめざし、戦争と紛争を根絶して平和を創造する。
②貧富の格差を是正し生存権を保障する（生存権所得の実現）。
③農業を保護し、地球環境の破壊・劣化を阻止して安全な環境を保持する。
④個人の尊厳を基礎にジェンダー平等を実現する。

⑤人種差別を克服し根絶する。

本稿では、課題を羅列することしか出来ないが、どれも専門的知識によって内実を埋めなくてはならない。人類はこれらの難問を解決する努力のなかで、〈友愛〉と〈多様性〉に溢れる新しい社会を創造してゆくのである。

社会主義革命の実現のためには、その勝利をめざす〈変革主体の形成〉が不可欠であり、労働組合の活動と市民活動がその中軸を担う。「歴史の必然性」を強調すると、この核心的課題を軽視することになる。「この変革を基礎にして」の意味は「賃労働と資本の基軸的関係の変革」をまず成しとげてその後で他の諸課題に取り組むということではない。前に示したさまざまな難題の優先順位を決めることは困難であり、どの課題に注力しても他の課題を軽視したり切り捨ててはならない。同時並行的にその解決に努力する必要がある。一人でいくつかの課題に取り組むことは難儀だから、他の課題を追求する人と協力することが大切である。自分が選んだ課題こそが最重要で、他の課題は重要度が低いと思ってはいけない。また、どの課題にしても〈自然〉を大切にすることをその根底に据える必要があり、抽象的に目的を叫ぶだけではなく、目的に近づく現実的解決策を〈政権構想〉（後述）の一環として明示しなくてはならない。

(3) 清廉な官僚制

第三に、官僚制の問題である。私は、二〇一〇年に「ウェーバーの『官僚制論』を超える道(43)」を発表し、私の「創語」を解説した時に次のように明らかにした(44)。

これまで社会主義を高唱してきたマルクスやマルクス主義においては、官僚制の問題は重視されることなく、あえて言えば無視されてきた。他方、スターリン主義官僚のさまざまな所行と悪徳を許せないと考える人びとのなかからは、「スターリン主義官僚を打倒せよ！」の叫びが上げられていた。私は、ソ連邦をどのように認識するかという視点から官僚制に関する問題意識を抱くようになった。

日本の研究者では、渓内謙は先駆的に一九六五年に「ソ連邦の官僚制――若干の問題整理へのこころみ」を書き、一時期はトロツキズムに傾倒したこともある湯浅赳男が一九七一年に『官僚制の史的分析』を著わした。湯浅は、「寡頭制の鉄則」を明らかにしたロベルト・ミヘルスに注目している。

官僚制問題について、ボリシェヴィキの革命家のなかに唯一の例外が存在していた。ニコライ・ブハーリンである。スティーヴン・F・コーエンの名著『ブハーリンとボリシェヴィキ革命』の訳者塩川伸明氏の「解説」によれば、「ブハーリン路線の特徴は、プロレタリア国家の官僚主義的堕落の危険性を一貫して強調した点にある」。東ヨーロッパでの歴史的経験からはヘゲディーシュ・アンドラーシュが優れた分析と提言を提出していた。彼は、一九五三年に第一副首相に就き、五五年からハンガリー事件が起きる五六年一〇月まで首相を務めた政治家であり、その後、研究者となった。ヘゲディーシュは官僚制への「社会的統制」を重要な課題として提起する。この視点からヘゲディーシュは、ユーゴスラヴィアの「社会的自主管理理論」を高く評価する。「社会的統制」の具体的な内実については、項目だけ示すと、①情報の公開、②オンブズマン制度、③官僚の特権の廃止、④官僚の輪番制、⑤政党制度における多党制、が必要である。また、中国には清貧な官僚を意味する「清官」という言葉があると、深津真澄氏から教示された。

(4) 非暴力の則法革命

第四に、〈則法革命〉こそが明確にされなくてはならない。マルクスは『共産党宣言』で「まず政治権力を獲得する」と強調した。この「革命」がどのように実現するのか、その形態については、左翼のなかで「暴力革命」か「平和革命」かとして争点となり、「構造改革」という見解もあったが、この言葉は二〇〇一年に首相となった自民党の小泉純一郎の用語となった。日本共産党は、最近は使わないが「敵の出方」論を主張していた。不破哲三委員長（当時）は、二〇〇〇年に、「いま私たちが党の綱領でとっている『敵の出方』論はマルクスの真意に合致している」と強弁していた。引用できずに「真意」とした点に注意。

私は、一九九七年に「『まず政治権力を獲得』論の陥穽[45]」を、二〇〇〇年に「『プロレタリアート独裁』論の錯誤[46]」を、翌年に「則法革命こそ活路——民主政における革命の形態[47]」を発表して、「まず政治権力を獲得する」という結論の誤りを明らかにして〈則法革命〉を提起した。それらの出発点は法学者・尾高朝雄に学んで法律の重要性を認識したことにある。逆に、マルクスの『共産党宣言』やレーニンの『国家と革命』では「法律」についてはまったく触れていない。

〈権理の主体〉を〈法の前で平等な権理をもつ市民〉とする政治システムを創りだした近代社会においては、その政治システムは「ブルジョアジー独裁」ではなく、〈法に拠る統治〉＝〈法拠統治〉であり、原理的には〈民主政〉と言える〈現実には選挙制度によって〈歪曲民主政〉となっている〉。そのゆえに、社会主義革命は法〈法律〉に則って実現することができるし、実現しなくてはならない。私が主張しなくても、マルクスの同時代人で法学者のアントン・メンガーは、『全労働収益権史論』で〈生存権〉を明確にし、『新国家論』では「社会主義の平和的方法による実現の可能と必要」を説いていた。

もう一つのキーワードとして〈非暴力〉と加える。良く知られているように、インドでガンジーは「非暴力」を貫いて不平等と闘った。だが、「階級闘争史観」に依拠するマルクス主義では「国家権力の暴力」と対決することが重視されてきたから、「非暴力」は忌避されてきた。その証拠に、共産党の綱領には、「非暴力」とは書かれていない。

私は二〇一七年に「社会主義への政治経済文化的接近を」で、このように考えることによって「重層的に社会主義への接近を模索・追求するようになり、そうすることによって、社会主義への水路を広げることが出来る」と明らかにした。その結びでは、「〈社会主義への政経文接近〉とは、別言すれば『他人のためを思う、善意の努力はすべて社会主義に通底する』という姿勢を意味する。『他人のためを思う、善意の努力』には、本人が意識するか否かにかかわらず必ず〈友愛〉が貫かれている。その意味では、社会主義は〈友愛社会主義〉と表現することがベストなのである」と結論した。

第五に、「政権構想」がぜひとも必要である。近年、ようやく「政権構想」の四文字を散見するようになった。

(5) 〈政権構想〉と〈閣外協力〉

まともに考えれば、現にある〈自民党〉政権を打倒できたとすれば、直ちに新政権を樹立することになり、そうなればその政権はどんな政策を実現しようとするのかが喫緊の課題となる。そのためには、打倒をめざす準備の過程で〈政権構想〉が不可欠に必要となる。現実の生活と政治に責任を持とうとすれば、説明の必要もなく当然である。

私は、『フラタニティ』第一二号(二〇一八年一一月)の「政局論評」で「政権構想を提起する必要がある」と提起し、第一三号(一九年二月)の「政局論評」では「〈政権構想〉と〈閣外協力〉を明確に」と主張した。第一四号(一九年五月)では元首相の鳩山友紀夫氏から「友愛の政権構想を打ち上げよ」[48]とタイトルした寄稿文をいただき、第一五号(一九年八月)でも特集した。

〈政権構想〉と表現する意味はどこにあるのか。個別の諸課題を超えて、トータルな視野で考えることを強く意識することである。〈政権構想〉と明確に意識して、自分の主要な課題をその一部として位置づけることが出来れば、他の諸課題も存在すること、それらの諸課題についての認識と探究も重要であることを意識するようになる。自らの小ささと欠落を素直に認め、他者から学ぶことに意を注ぐことが容易となる。

〈政権構想〉というからには、外交、防衛、経済、教学育、税制、司法制度、選挙制度、農業政策、沖縄政策、社会保障、医療、国土整備、など多くの分野（列記順は重要度を示すものではない）について、その基本的な方向と施策を明示しなくてはならない。とても個人や小さな組織でなし得ることではなく、広く専門的な人びとの協力を結集しなくてはならない。

〈政権構想〉と合わせてもう一つ明確にすべき問題がある。〈閣外協力〉という考え方＝選択肢である。新しい政権を誕生させる政治状況が到来した時に、国会の首班指名ではA党の候補に投票するが、A党が主導する内閣に基本政策での不一致点があるため参加しないで、閣外からA党が主導する内閣を支持するのが、〈閣外協力〉である。本稿脱稿直前に、「赤旗」日曜版に「共産党が閣内であれ閣外であれ　政権協力合意で新局面」と六段の大見出しが打たれた。志位和夫氏が全国革新懇談会結成四〇年の記念講演で「『共産党は閣内協力か、閣外協力か』という質問が繰り返し寄せられます」と語ったという記事である。(49)

この問題については、村岡編『政権構想の探究①』を参照してほしい。

(6)　複数前衛党と多数尊重制

第六に、組織論についても明確にしなくてはならない。

社会主義革命を実現するためには、前記のように国民（市民）多数の共鳴と支持が不可欠である。政治の領域で何らかの協力が必要となれば、多くの場合には一時的ではなく長期にわたる協力となる。そこで、〈組織〉が生まれる。それが政党である。社会主義革命を実現するための政党が、自らを〈前衛党〉と自負することは誤りとはいえない。先駆的認識を示し、犠牲的労苦を背負って活動することは否定されるべきではない。注意すべきことは、自分だけが「前衛」で他の人は「遅れている」とか「劣っている」と錯覚してはいけない。また、社会主義を望み志向する人が必ず政党に加入する必要はない。だが、政党の必要性を否定したり、嫌うことは誤りである。

私は組織論については、一九八六年に「複数前衛党と多数尊重制」を発表した。その二年前八四年に共産党が「赤旗」無署名論文「科学的社会主義の原則と一国一前衛党――『併党』論を批判する」を発表した。私は、直ちに「『一国一共産党』論の誤り」で批判を加えた(50)。この問題についても前記の「創語録」で取りあげた。

もう一つ、私は共産党の「民主集中制」に代わる組織論として〈多数尊重制〉を提起した。〈多数尊重制〉とは次のような組織原理をいう。一つの組織のなかで、或る問題について態度表明するさいに、①多数決によってその組織としての態度（政策や方針）を決定する（仮に決定Aとする）、②決定Aに反対や異論のあるその組織のメンバーは、自分の考えを述べ、実践することもできる、③ただし、その場合には決定Aがその組織の見解であることを必ず明示しなくてはならない。こうすることによって、従来いつも問題にされてきた「少数意見の保持者」の権理は充分に保証される。しかも決定がAであることを明示するがゆえに、多数意見もまた当然ながらより以上に尊重される。

以上の六点を軸にさらに内実を豊かに充実させなくてはいけない。新しい社会主義像は活発な討論によってこそ深められるであろう。

むすびに

マクシミリアン・リュベルの著作を三冊読んだことをきっかけにして、改めてマルクスの歩みを振り返ることになった。貧困と病苦の連続のなかで、『資本論』を初めとして多くの著作を執筆したマルクスの努力に深く頭が下がった。その歩みを膨大な資料を読破して詳細に明らかにしたリュベルの研究にも敬意を表したい。

他方、マルクスの誤りや限界についても再確認した。また、リュベルが主張する「ソ連邦＝国家資本主義」説についてもその根本的誤りを批判せざるをえない。一九九一年末にソ連邦の崩壊という苦い事態に直面した私たちは、その否定面を暴き批判するだけではなく、そこに社会主義実現にむけてのいかなる努力が重ねられてきたのか、さらにそこから得られる教訓は何かをこそ掴み取らなくてはならない。ソ連邦の崩壊には、マルクス主義の責任もあったはずである。

マルクスは、一九九九年にイギリスのＢＢＣ放送で「過去千年間で、もっとも偉大な思想家」と賞賛された（本書、一一頁）。今また、『資本論』が話題となっている。確かにマルクスによる資本主義批判＝資本制経済批判は鋭い。だが、同時にマルクスの政治学レベルの言説には弱点と誤りが残されていたのではないか。マルクスに感銘したり同調する人たちにぜひ、この否定面についても気づいてほしい。何度も引用するように、私が敬愛する哲学者の梅本克己さんは、「否定面の理解をともなわぬ肯定が弱いものであるように、肯定面の理解をともなわぬ否定は弱い」と注意していた。左翼世界には限らないのであろうが、何かや誰かに心酔すると、それらの長所だけを好んで繰り返し、批判的意見には反発・無視する傾向が根強い。この唯我独尊の態度と思考法に染まってきたことが、多くの人びとが左翼やマルクス主義を嫌悪・敬遠させることになった。この点を突破しないと、社会主義を志向する左翼は成長できないと、私は痛感している。

新しい社会主義像を探究することが、喫緊の課題である。そうしないと、コロナ禍でいっそう深まる資本主義の行き詰まりと窮状を脱却することは出来ない。その一助になることを切望する。

なお、日本共産党と不破哲三氏を何度か批判することになった。私は一九七八年に第四インターに在籍していた時に、〈日本共産党への内在的批判と対話〉を提唱していらい、一貫して同党を批判的に支持してきた。この立場からの批判であり、私は、同党が脱皮して成長することを願っている。

最後に、本稿でも明らかにした〈友愛社会主義〉の提起に呼応して、碓井敏正氏が季刊『フラタニティ』に「友愛社会主義の根拠と可能性」(51)とタイトルする論文を寄せてくれた。一九八〇年代にペレストロイカを主導したゴルバチョフは「社会主義へ討論の文化を!」と呼びかけたが、その端緒となってほしい。

〈追　記〉「労働力商品化」について、大内秀明氏は、現下のコロナ禍と関連させて、その意味をさらに深化して明らかにしている。「労働力商品の社会的再生産」は「家族のコミュニティ、『社

本稿で参照した村岡到の著作

1986　『変化の中の日本共産党』稲妻社
1988　『前衛党組織論の模索』（橋本剛と）稲妻社
1996　『ソ連崩壊と新しい社会主義』（石井伸男と）時潮社
1996　『原典・社会主義経済計算論争』（編集・解説）ロゴス
1999　『協議型社会主義の模索――新左翼体験とソ連邦の崩壊を経て』社会評論社
五月書房
2001　『連帯社会主義への政治理論――マルクス主義を超えて』
2003　『生存権・平等・エコロジー―連帯社会主義へのプロローグ』白順社
社会評論社
2003　『不破哲三との対話――日本共産党はどこへ行く？』
2005　『社会主義はなぜ大切か――マルクスを超える展望』社会評論社
2009　『生存権所得――憲法一六八条を活かす』社会評論社
2012　『歴史の教訓と社会主義』（編）ロゴス
2012　『親鸞・ウェーバー・社会主義』ロゴス
2013　『友愛社会をめざす――〈活憲左派〉の展望』ロゴス
2015　『日本共産党をどう理解したら良いか』ロゴス
2015　『不破哲三と日本共産党』ロゴス
2016　『ソ連邦の崩壊と社会主義』ロゴス
2017　『ロシア革命の再審と社会主義』（編）ロゴス
2017　『「創共協定」とは何だったのか』社会評論社
2018　『マルクスの業績と限界』（編）ロゴス
2018　『共産党、政党助成金を活かし飛躍を』ロゴス
2019　『池田大作の「人間性社会主義」』ロゴス
2019　『社会主義像の新探究』（編）ロゴス
2020　『政権構想の探究①』（編）ロゴス
2020　『宗教と社会主義との共振』ロゴス

会的労働協同体』と結びつくがゆえに、「コミュニタリアニズム＝共同体社会主義に転換」すると説いている（「コロナ危機と家庭・家族の崩壊――『労働力商品』の特殊性」：『フラタニティ』第二三号：二〇二一年八月。『日本におけるコミュニタリアニズムと宇野理論』社会評論社、二〇二〇年、参照）。

〈注〉

(1) 「朝日新聞」一九九一年一〇月四日。『協議型社会主義の模索』に収録。

(2) 不破哲三『マルクスは生きている』平凡社、二〇〇九年、九頁。

(3) トロツキー『裏切られた革命』論創社、一九五九年、五七頁。「『ソ連邦＝党主指令社会』論の意義」：『ソ連邦の崩壊と社会主義』でも引用。

(4) トロツキー『裏切られた革命』現代思潮社、一九六八年、二五四頁。『左翼の反省と展望』一〇七頁でも引用。聴濤弘氏もこの一句を引用している（本書、一〇六頁）。なお、私は一九九二年に「レーニンの『社会主義』の限界」でレーニンの「国家資本主義」用語理解の誤りを指摘した（『協議型社会主義の模索』一四二頁）。

(5) プレオブラジェンスキー『新しい経済』現代思潮社、三五頁。

(6) 村岡到「協議経済の構想」：『協議型社会主義の模索』九一頁。

(7) 村岡到「ソ連邦の崩壊とマルクス主義の責任」：『ソ連邦の崩壊と社会主義』九二頁。本書について、岡田進氏に書評で評価していただいた（『ロシア・ユーラシアの経済と社会』二〇一七年二月号：『ロシア革命の再審と社会主義』に収録）。

(8) 村岡到「社会主義経済における〈分配問題〉」『左翼の反省と展望』一一一頁。

(9) 不破哲三『レーニンと「資本論」③』新日本出版社、一九九九年、三六九頁。村岡到『不破哲三と日本共産党』一四八頁。村岡到『共産党、政党助成金を活かし飛躍を』一三三頁。

(10) プレオブラジェンスキー『新しい経済』二四一頁。

(11) トロツキー『裏切られた革命』二四八頁。村岡到「社会主義経済における〈分配問題〉」『左翼の反省と展望』一一二頁。

(12) 村岡到「協議生産と生活カード制――連帯社会主義の経済構想」:『生存権・平等・エコロジー』二〇八頁。

(13) 村岡到「マルクスの歴史的意義と根本的限界」:『マルクスの業績と限界』に収録。

(14) マルクス『資本論』⑦、新日本出版社、五六七頁。『社会主義はなぜ大切か』一五八頁で引用。

(15) 村岡到『社会主義はなぜ大切か』。

(16) 『マルクス・カテゴリー事典』青木書店、一九九八年。

(17) 村岡到「ソ連邦の崩壊とマルクス主義の責任」:『ソ連邦の崩壊と社会主義』三二頁。

(18) 不破哲三・上田耕一郎『マルクス主義と現代イデオロギー』大月書店、一九六三年。下、一九六頁。下、二〇四頁。

(19) 不破哲三『マルクスと友達になろう』日本民主生年同盟中央委員会、二〇一五年。

(20) 志位和夫講演:「赤旗」二〇二一年五月二七日。なお、この講義では、ロシア革命もソ連邦も中国革命もまったく触れることがない。/同:「赤旗」二〇二一年六月一日。

(21) 村岡到「ソ連邦の崩壊とマルクス主義の責任」:『ソ連邦の崩壊と社会主義』三三～三四頁。

(22) 村岡到『社会主義はなぜ大切か』一五七頁、『左翼の反省と展望』一一四頁。

(23) 村岡到「多様性と自由・平等」:『生存権・平等・エコロジー』に収録。

(24) 森岡真史・書評「マルクス主義の責任の明確化」：『ロシア革命の再審と社会主義』一六一頁。
(25) 不破哲三『マルクスは生きている』一六三頁、同『古典への招待』上巻、一三六頁。
(26) 村岡到『社会主義はなぜ大切か』一四三頁、『不破哲三と日本共産党』一五四頁～。『共産党、政党助成金を活かし飛躍を』一三三頁。
(27) 村岡到「『ソ連邦＝党主指令社会』論の意義」：『ソ連邦の崩壊と社会主義』八〇頁。
(28) 司馬遼太郎『ロシアについて』文芸春秋、一九八九年、三三頁。
(29) 村岡到『ソ連邦の崩壊と社会主義』七三頁、一四二頁、参照。
(30) 村岡到「『計画経済』の設定は誤り」：『協議型社会主義の模索』二二六頁。「協議生産と生活カード制――連帯社会主義の経済構想」『生存権・平等・エコロジー』二一三頁。
(31) 村岡到『社会主義はなぜ大切か』一七九頁。
(32) 村岡到「地球からの警鐘」：『プランB』第三二号：二〇一一年四月、二頁。
(33) 斎藤幸平『人新世の「資本論」』集英社、二〇二〇年、三五二頁、二頁。「東京新聞」では「ソ連や中国をはじめ、これまでに存在した『共産主義国家』は、生産力至上主義の体制で、実質は資本主義だった」と話した（二〇二一年二月二〇日）。
(34) 岡田進連載「ロシアの政治経済思潮」：季刊『フラタニティ』創刊号：二〇一六年二月～。
(35) 村岡到「宗教と社会主義との共振（再論）」：『宗教と社会主義との共振Ⅱ』。
(36) 村岡到「レーニンの『社会主義』の限界」：『経済評論』一一月：『協議型社会主義の模索』に収録。
(37) 村岡到「ソ連邦の崩壊とマルクス主義の責任」：『ソ連邦の崩壊と社会主義』五五頁。
(38) 村岡到「唯物史観から複合史観へ」：『生存権所得』に収録。

(39) 村岡到「〈協議経済〉の構想」：『協議型社会主義の模索』に収録。
(40) 村岡到「〈生存権〉と〈生活カード制〉の構想」：『協議型社会主義の模索』に収録。
(41) 村岡到「『価値・価格論争』は何を意味していたのか」：『ソ連崩壊と新しい社会主義像』に収録。
(42) 村岡到編『原典　社会主義経済計算論争』
(43) 村岡到「ウェーバーの『官僚制論』を超える道」：『親鸞・ウェーバー・社会主義』に収録。
(44) 村岡到『友愛社会をめざす』
(45) 村岡到「『まず政治権力を獲得』論の陥穽」：『連帯社会主義への政治理論』に収録。
(46) 村岡到「『プロレタリアート独裁』論の錯誤」：『連帯社会主義への政治理論』に収録。
(47) 村岡到「則法革命こそ活路――民主政における革命の形態」：『連帯社会主義への政治理論』収録。
(48) 鳩山友紀夫「友愛の政権構想を打ち上げよ」：『左翼の反省と展望』に収録。
(49) 志位和夫記念講演：「赤旗」日曜版、二〇二一年五月二三日。この記念講演は五月一五日に行われ、二日後の「赤旗」の報道では「閣内であれ閣外であれ　政権協力合意で新局面」という一句は後半に小さな中見出しで表示された。六日後になぜ大見出しに格上げされたのか。「政権構想」と言わずに、「共通政策、政権のあり方、選挙協力の三つの分野」と言い出したのはなぜなのか？
(50) 村岡到「複数前衛党と多数尊重制」：橋本剛・村岡到『前衛党組織論の模索』稲妻社、一九八八年／同「『一国一共産党』論の誤り」：『変化の中の日本共産党』に収録。
(51) 碓井敏正「友愛社会主義の根拠と可能性」：『フラタニティ』第二〇号：二〇二〇年一一月、『宗教と社会主義との共振』に収録。

マルクスの歴史的意義と根本的限界

第1節　マルクスの継承すべき業績

マルクス生誕二〇〇年。なぜマルクスが好事家の趣味としてではなく記念されるのだろうか。マルクスは後世に何を残したのか。誰もが一八六七年に刊行された『資本論』を上げるに違いない。マルクスは、近代社会の経済の仕組みを、賃労働と資本との対立に基軸を置き、利潤を生産の動機・目的として実現するものであり、そこには価値法則が貫徹されている、と明らかにした。マルクスは、資本制経済の基本的構造を生産手段との関りを軸として労働者と資本家との「生産関係」として明確にした。この核心は、今日なお有効である（この点でのJ・S・ミルとの関係については、武田信照氏が近著『ミル・マルクス・現代』で明らかにした(1)）。

そうであるがゆえに、ソ連邦崩壊後の一九九九年にイギリスのBBC放送で「過去千年でもっとも偉大な思想家」としてマルクスが断トツで一位だった。このことは、不破哲三氏も『マルクスは生きている』の冒頭で指摘していた(2)。最近の例を上げれば、イギリスのジャーナリスト＝ポール・

メイソンは『ポストキャピタリズム』で、労働価値説などマルクスの理論を援用して、「ポスト資本主義」が必然的に到来すると説いている。(3)

もう一つ、マルクスの理論には大きな特徴があった。マルクスは資本制経済の基本的構造を明らかにしただけではなく、資本制経済の終焉を強調し、社会主義の到来を展望した。そこにこそ、マルクスが各国の労働者の運動に強烈な影響を与えた核心があった。マルクスは『資本論』第一巻の結論部分で、周知の印象的な一句を発した。「収奪者が収奪される。弔鐘が鳴る」と(第4節で後述)。この先走った警句は、マルクスが『経済学批判序言』「定式」に書いた「唯物史観」に導かれたものので、「唯物史観」もまた、マルクスの業績として高く評価されてきた。エンゲルスは、一八八〇年に刊行した『空想から科学への社会主義の発展』で、「この二つの偉大な発見、すなわち唯物史観と剰余価値による資本主義的生産の秘密の暴露とは、われわれがマルクスに負うところのものである。これらの発見によって、社会主義は一つの科学になった(4)」とまで絶賛した。

「唯物史観」の要点は、先の「定式」に示されている。マルクスは、「人間は、物質的生産諸力の一定の発展段階に対応する生産諸関係を受容する」とか、「経済的基礎の変化とともに、巨大な上部構造全体が、あるいは徐々に、あるいは急激にくつがえる」と説き、「生産諸力と生産諸関係との矛盾」や「人類前史は終わる」と書いた。経済と政治の相互の作用をどう捉えるべきかについては多くの論議が重ねられた。法学者の尾高朝雄はマルクス主義者ではないが、唯物史観を「社会の動態観の上に革新的な転換をもたらした(5)」と高く評価した。私は、二〇〇〇年に『『唯物史観』の根本的検討」[6]で詳しく検討し、唯物史観を超える〈複合史観〉が必要だと提起した。

さらにもう一点、マルクスは自説を母国ドイツ一国の枠を超えて、世界的スケールで構想し主張し実践した。マルクスは、一八六四年にロンドンで結成された、世界最初の国際的な労働者組織である「国際労働者協会」を主導し、その創立宣言と規約を書いた。一八四八年に発せられた『共産党宣言』の結びの著名な一句「万国のプロレタリア団結せよ」に高く掲げられているように、国際的な広がりをもって浸透した。一九九一年のソ連邦の崩壊までは、一七年にレーニンに主導されて勝利したロシア革命が、マルクスの理論の正しさの現れ（証明）として、左翼の中では党派的立場の違いをこえて広く受容され、宣伝されてきた。

第2節　マルクスの貴重なヒント

次節以降はマルクスの欠点を明らかにすることになるので、その前にマルクスの叙述のなかで、きわめて重要と考えられる記述をピックアップする。マルクスの膨大な著作や文献を読破することなど出来るはずはないが、私のわずかな読書で強く記憶に残る三つの文章だけである。

A「共同の生産手段を用いて労働し、協議した計画にしたがって多くの個別的労働力を同一の社会的労働力として支出するような、自由な人々の集まりを描くことにしよう[7]」。

B「諸個人の全面的な発展につれてかれらの生産諸力も成長し、協同組合的な富がそのすべての泉から溢れるばかりに湧きでる」[8]。

C1「そこ〔共産主義社会〕では現在の国家機能に似たどんな社会的機能が生き残るだろうか？」。〔傍点はいずれも村岡〕

Aは、一八七五年に刊行された『資本論』フランス語版からで、マルクス自身が書き上げた。BとC1は『ゴータ綱領批判』からである。『ゴータ綱領批判』は、マルクスがAと同じ一八七五年に、「ドイツ社会主義労働者党」がゴータで開催する大会で決定する予定の「綱領草案」に対して私信として執筆した「手稿」で、正式には「ドイツ労働者党綱領評注」である。望月清司の「訳者解説」によれば、「マルクスが抱懐してきた共産主義の未来像とそれへいたる道を、あるていどまとまった形で表明した、ほとんど唯一の文書である」。

これらの三点はいずれもほとんど注目されることもなく、見過ごされている。だが、それらにはマルクスの塾慮が表現されていると、私は考える。以下、簡単に説明する。

まずAについて。これは、『資本論』冒頭の「第一章・商品」の「第四節・商品の物神性とその秘密」での記述である。この部分の原版（ドイツ語）では「共同的生産手段で労働し自分たちの多くの個人的労働力を自覚的に一つの社会的労働力として支出する自由な人々の連合体[9]」となっていた。つまり、マルクスは「自覚的に」を「協議した計画にしたがって」に書き換えたのである。

私は、このことに気づき、一九九七年に「『計画経済』の設定は誤り」を書き、さらに翌年に「〈協議経済〉の構想」で〈協議経済〉と創語した[10]。この二つの論文の要点を再述する。

一九一七年のロシア革命の勝利の後、二年後に誕生したワイマール共和国の大蔵大臣ヴィセルと次官のメレンドルフが書いた報告書のなかで「計画経済」を使った。以後、「計画経済」が流布されることになる。それまでは、社会主義は経済の「社会化」とか「計画化」とイメージされていた。マルクスは「計画経済」とは一度も書いていない（実はレーニンも使っていない）。

「馬」と「白い馬」とが異なるように、「計画」と「協議した計画」とは異なる。国王や官僚のトップが上意下達で命じる「指令」も「計画」と呼んでもよいだろうが、それらを「協議した計画」に含めることはできない。ソ連邦の「計画経済」は実は「指令経済」だったのである[11]。

マルクスがフランス語版で書き換えた時にどこまで意識していたかは、今となっては問いただすことはできないが、重要な示唆を読み取ることは出来たはずである。だが、フランス人は別として、フランス語版はソ連邦で出版されたのが一九七三年であり、普通はドイツ語版の翻訳を読む。フランス語版は、日本では一九七九年に、江夏美千穂と上杉聡彦によって訳出された。そのせいもあって、マルクスが書き直した「協議した計画」は見落とされることになった。言うまでもなく、二つの版を読み比べないと違いは分からない。

次に、Bについて。この一句も周知であるが、ほとんどの場合に「協同組合的な」（ゲノッセンシャフトリッヒ）という形容句は無視されて、「溢れ出る富」として流布されている。望月の注によれば、「マルクスが……『ゲノッセンシャフト』という外国語に訳しにくい固有のドイツ語を用いているのはここだけである。……他の著作ではおもに『アソツィアツィオン』（英語なら「アソシエーション」〕が用いられる」[12]。

これまた、マルクスの真意は推測する以外にないが、単に「富が溢れる」とは書かずに、「協同組合的な」と形容句を付したところに、マルクスの思慮深さを読み取ることが出来る。確かにマルクスには生産力の発展を過剰に強調する傾向があったので、無視されたのであろうが、この形容句にこだわるなら、その生産力主義的傾向にブレーキを掛けることが出来たであろう。

だが、この一句の冒頭の「諸個人の全面的な発展」については問題含みである。これだけならまだ許容されるだろうが、「万人は平等」と合わせて考えると、論理的には「人間の個性」が消滅することになる。クラスの全員が全科目で一〇〇点を取れば、順位（個性）は付けられない。私のこの指摘については、森岡真史氏が拙著『ソ連邦の崩壊と社会主義』への書評で「きわめて鋭い指摘である[13]」と評した。他方、近年、日本共産党の志位和夫委員長は「『すべての人間の自由で全面的な発展』――これが未来社会の一番の特徴」だと強調している[14]。

最後にC1。この点を熟慮していれば、後年にレーニンが『国家と革命』で陥ったように「国家の死滅」などと先走って願望するのではなく、資本主義社会を克服した後の社会での政治制度について、経験を基礎にして慎重に考えることになったはずである。

だが、この点については、マルクスは後年の読者を誤導する記述を加えている。

C2「この問題に答えうるのはただ科学的研究あるのみであって、人民ということばと国家ということばを千度も組み合わせてみたところで、蚤の一跳ねほども問題に近づけるわけではない。

……この過渡期の国家は、プ、ロ、レ、タ、リ、ア、ー、ト、の、革、命、的、独、裁、以外のなにものでもありえない」。

原文に傍点がある「プロレタリアートの革命的独裁」については後述するが、「ただ科学的研究あるのみ」と書いている点については、彼が批判対象に浴びせた流儀を真似れば、それでは足りない。「ただ歴史の経験と科学的研究」とすべきであった。

以上三つの例だけを示したが、このように、慎重に読み、考えれば貴重な認識に到達できたに違いないヒントを、マルクスは残していた。

次節に進む前に、私事に触れることを許してもらうと、私は高校生時代に、マルクスの「経済学哲学草稿」の抜粋（淡野安太郎『初期のマルクス』勁草書房、一九五六年）を本屋で立ち読みし、一九六一年末に『マルクス＝エンゲルス選集・補巻4』（大月書店）を読んだ。『補巻4』に収録されていたからである。「疎外された労働」の一句でよく知られているこの論文を高校生が深く理解できるはずはないが、あえて言えばそれが思想的出発点となった。

後に革マル派のトップとなる黒田寛一の周辺では、この重要論文が『マルクス＝エンゲルス選集』の本巻ではなく、「補巻4」に配置されているところに、正統派（日本共産党）の誤りがあると批判していた。それから半世紀も過ぎた。私は、前述したように、マルクスにはなお継承すべき大きな業績が存在すると確信している。だが、同時に大きな弱点・限界・錯誤もあったと、考えるようになった。

第3節　マルクスの根本的限界と錯誤

前記のように、マルクスは資本制経済を原理的に解明した点では、後世に継承されるべき業績を残した。しかし、逆に根本的限界と錯誤というべき大きな弱点を抱えていた。何か？　結論を先に示すと、マルクスは近代社会の政治制度を正しく理解できなかった。

まず、左翼の活動家なら誰でも読む『共産党宣言』に書いてある周知の文言を列記する。

D「近代的国家権力は、単に全ブルジョア階級の共通の事務を司る委員会にすぎない[15]」。

E「法律、道徳、宗教は、プロレタリアにとっては、すべてブルジョア的偏見であって、それらすべての背後にはブルジョア的利益がかくされている」。

F「プロレタリア階級は、まずはじめに政治的支配を獲得し、国民的階級にまでのぼり、みずから国民とならねばならない」。

G1「ブルジョア階級を強力的〔国民文庫版では「暴力的」〕に崩壊させ、プロレタリア階級がその支配を打ち立てる」。

G2「共産主義者は……これまでのいっさいの社会秩序を強力的〔国民文庫版では「暴力的」〕に転覆する……と宣言する」。

まずDについて。これと同じ認識は、エンゲルスも書いていた。エンゲルスは一八九一年に「エルフルト綱領草案批判」で、ヴィルヘルム・「リープクネヒトはこの帝国議会を絶対主義のいちじくの葉と名づけたのである」[16]と書いた。この一句は短く「議会はイチジクの葉」と略されて、日本共産党を「議会主義」として批判する活動家の流行言葉となっていた。今では、Dと書く人はいないことが、この認識の誤りを示している。

次にEについて。「法律、道徳、宗教」と三つを一括しているのも乱暴であるが、それらを「プロレタリアにとっては、すべてブルジョア的偏見である」と断定するのは錯誤にすぎない。この断定からは、法律を無視・軽視する態度を良しとする理解・風潮を生み出し、「合法主義ナンセンス」と叫ぶことになる。Dと合わせて、G1とC2の「プロレタリア階級の独裁」が帰結される。

だが、近代社会の法律は、民主政の下では国会によって制定されるのであり、「全ブルジョア階級の共通の事務を司る委員会」によって決定されることはない。もちろん、個別の資本家の願望や狙いも大きく作用する。従って、国会議員を選ぶ選挙制度がきわめて重要な意味をもつ。

なお、宗教については、社会におけるその重要な役割・位置を昨年『創共協定』とは何だったのか——社会主義と宗教との共振』で論じたので、本稿では省略する。

さらにFについて。「政治的支配」は「国家権力」と置き換えたほうが分かりやすいし、そう理解されてきた。問題は「まずはじめに」にある。なぜ、「まずはじめに」なのか。マルクスはまったく説明していない。私は、一九九七年に「『まず政治権力を獲得』論の陥穽」[17]でその限界を詳しく解明して、「社会主義への政治的・経済的接近の形態を探る」ことが必要だと明らかにした。のちに「文化的接近」も加えた。政治的闘争にだけ目を向けて、経済政策をめぐる課題を軽視・無視する誤りに陥ってはならない。共産党が、ベーシックインカム（生存権所得）[18]や国際連帯税にほとんど関心を示さないのは、政治的闘争だけを偏重しているためである。

最後にGについて。「強力的」と訳しても「暴力的」と訳しても、いずれにしてもここから「暴力革命」が合言葉になった。日本共産党の場合には武装闘争と「五〇年分裂」を経て、議会重視に転換したので、一時期は「敵の出方」論なる折衷的言い訳で辻褄を合わせようとしていたが、近年は「敵の出方」論を憶えている党員はほとんどいないであろう。不破哲三氏は二〇〇〇年にも「敵の出方」論を正しいと説明していたが[19]、今や共産党は綱領には書かれていない「立憲主義」を強調するまでに「変質」した。

以上に明らかにしたように、マルクスが『共産党宣言』で展開したこれらの主張はいずれも錯誤であった。不破氏をはじめとして、今日なおマルクスに心酔している人もいるが、それらの人たちはこれらの文言を正しいと思っているのだろうか。彼らは、これらの文言には触らない。批判的に検討する姿勢と能力が欠如しているからである。私たちは次の段階に進む必要がある。

この検討によって導き出される結論は、初めに書いたように、マルクスは、近代社会の政治制度を正しく理解できなかったということである。この点でのマルクスの認識が不十分であったことは、『マルクス・カテゴリー事典』[20]で、田口富久治氏が「国家」の項目で「マルクスの国家理論は全体として未完成のまま残された」と書き、加藤哲郎氏が「政党」の項目で初めに「政党一般についてのマルクスの言説は、体系的に展開されたわけではない」と書き、最後に「マルクスの政党論から学びうるものは多くない」と遠慮がちに結論している通りである。加藤氏の項目は「政党」であるが、近代の政治においては政党は不可欠の決定的位置を占めているから、引用中の「政党」を「政治」に置き換えても良いだろう。

もっとも重要な問題は、マルクスはなぜこのように考えたのか。その根拠を明らかにしなくてはならない。そうしないと弱点を克服することはできないからである。これらの言説の根底には、この『共産党宣言』の冒頭に記されている「あらゆる社会の歴史は階級闘争の歴史である」という認識が据えられていた。もう一つの前提は、第1節でピックアップした「唯物史観」が示しているように、経済と政治について短絡的に一体化してとらえる思考である。マルクスは、資本制経済の基軸が「賃労働と資本」にあると捉えると同時に、次元の相違を意識することなく、政治においては労働者と資本家とをそれぞれ「階級」と考え、この二つの「階級」の対立・闘争が展開されていると考えた。この錯誤の帰結として「プロレタリア階級独裁」が結論された。

「階級」とは、生産手段との関わりを基準にして社会の成員を区別する超歴史的概念として使われ、その結果、いつの時代でも支配階級と被支配階級とに分けられ、「階級支配」が貫徹するとされてきた。確かに、〈民主政〉に転換した近代社会以前の身分制の下においては、経済的に優位に立つ人びとが、政治的にも優位に立ち、「階級支配」が貫徹されていた。

後述のように〈民主政〉の下では、政治と経済の直接的結合が解体され、「階級」は消滅した。

このように結論すると、左からは大ブーイングが起きるだろうが、次のことを想起することを促したい。左翼の文献では「階級形成」とか「即自的階級と対自的階級」などの言葉も使われる。だが、「プロレタリア階級」というものが存在するのなら、「屋上屋を重ねる」という警句があるように、わざわざ「形成」する必要はないはずである。

なお、「階級」の付く類語には他にも「階級対立」「階級意識」「階級的自覚」「階級闘争」がある。「階級的愛情」はなく「階級的憎悪」が高唱されるところに特徴があると言ってよい。

実は、「『階級』という語の意味は必ずしも明確ではない[21]」とはるか以前に書いた人がいた。日本マルクス主義法学の先駆者・平野義太郎が一九二五年にそう書いていた。「階級」と言わなくても、〈階層〉と捉えることによって、資本制社会が「格差社会」であることは十分に表現できる。

「プロレタリア階級独裁」については、ワイマール共和国の司法大臣にもなったドイツの法学者グスタフ・ラートブルフが『社会主義の文化理論』の一九四九年版の「あとがき」で「われわれは……独裁はたとえそれがプロレタリアートの独裁と呼ばれようと全くこれを望まない[22]」と批判した。ラートブルフは、「社会主義はある特定の世界観に結びつくものではない」とも明らかにした。これまたきわめて重要なポイントである。

では、近代社会の政治制度はどのように捉えられるべきなのか。詳述する余裕はないが、その核心をラートブルフは一九二九年に「ブルジョアジーは自由を法の形式で要求したために、この自由は万人のための自由となった」と明らかにした。小林直樹氏が『憲法の構成原理』で引用して強調しているように、ここにこそ、〈民主政〉の核心がある。法と法律に依拠する統治＝〈法拠統治〉となったのである。〈法拠統治〉のほうが、近年に流行の「立憲主義」より適切である。

近代社会は、経済では〈労働者と資本家との対立〉を基軸としていて、熊沢誠氏の著作[24]のタイトルになっているように「民主主義は工場の門前でたちすくむ」のであるが、政治においては、代議制を採用し「一人一票」の平等な権理を原理的には備えた。それが「デモクラシー」＝〈民主政〉である。もちろん、資本制経済は独裁制とも結びつく場合もあるし、「一人一票」が適正に結果に現れないように選挙制度は多くの場合に歪められている。第四の権力といわれるマスコミの影響も大きい。現在の日本では、小選挙区制によって民意の反映が著しく歪曲されて〈歪曲民主政〉となっている。なお、「デモクラシー」の訳語は明治時代から「民主政治」「衆民政」「民主主義」「民主制」とさまざまにあるが、政治制度であることを明示するためには〈民主政〉が最適である。いくつかの著作のタイトルにもあるように、一定の範囲では使われている。

このように把握する前提として、経済と政治との次元の相違について明確に認識しなくてはならない。前に一言だけ触れた〈複合史観〉として、私が強調したのはこの相違についてである。

結論を再確認すれば、マルクスは、「歴史は階級闘争の歴史である」とするドグマに呪縛されていたがゆえに、近代社会の政治制度を正しく捉えることができなかったのである。

第4節　『資本論』「第二四章　第七節」の誤り

本人が不得手な領域ではなく、得意とし他者からも高く評価されている部分について検討するほうが説得力を増すだろう。そこで、前記の『資本論』第一巻第七編「第二四章・いわゆる本源的蓄積」の「第七節・資本主義的蓄積の歴史的傾向」について取り上げよう。

周知のように、この節の終わりでマルクスは次のように結論した。

「資本主義的私的所有の弔鐘が鳴る。収奪者が収奪される[25]」。

「資本主義的生産は、自然過程の必然性をもってそれ自身の否定を生み出す。……個人的所有を再建する」。

この部分はすでに多くの論議を引き起こしてきた。〈労働力商品化〉の核心的重要性を強調した宇野弘蔵は、『資本論』を原理論として純化し、段階論、現状分析と三段階に明別する必要があると提起し、この部分を「体系から逸脱する[26]」と根本的な批判を『経済学方法論』で加えた。一九七〇年代に哲学者の梅本克己と、「恐慌の必然性」と「革命の必然性」などについて対話した[27]。また、引用を省略した部分の記述を含め「個人的所有を再建する」が訳語の適否を含めて問題とされている。引用を省略したのは、本稿で問題とするのは別の点だからである。この問題については、私は一九九〇年代初めに論じたことがある[28]。その時には気づかなかったが、所有・占有問題よりも大きな問題が潜んでいた。宇野が触れていない論点にも気づいたので検討する。

『資本論』は資本制経済の解明を主題にした著作なのに、なぜ所有論に論点が移動し、「自然過程の必然性」の話になるのか。言うまでもなく、そこに唯物史観が顔を出す。この文脈は、歴史の法則を明らかしたものとして高く評価するのが通説である。だが、そうだろうか。仮に歴史の法則に言及するにしても、それは補足にして、本来なら「弔鐘が鳴る」=資本制経済が超克されるというのだから、その次の経済システムはどうなるのか、そこでの経済計算はどうなるのか、が次の課題であることをこそ明確にすべきだった。マルクスは、前記のAの「同一の社会的労働力」などという意味不明の説明しかしていない（第二四章の次は「第二五章・近代的植民理論」で、それが最後の章である）。

もし、マルクスがこのように次の課題を設定しておけば、後年、ロシア革命の後で一九二〇年代三〇年代に国際的な論争になった「社会主義経済計算論争」はまったく別の展開となったに違いない。マルクス経済学者は真剣に取り組み研究したはずである。マルクスが次の課題をこのように設定しなかったから、ソ連邦の経済学者は、この論争を「机上の空論」と反発した。塩沢由典氏（『マルクスの遺産』藤原書店、二〇〇二年、に収録）などが先駆的に論じたが、日本のマルクス経済学者は、この国際的な論争にほとんど気づくこともなく、わずかに伊藤誠氏（『現代の社会主義』講談社、一九九二年）や西部忠氏（『市場像の系譜学』東洋経済新報社、一九九六年）が取り上げている程度である。私は、一九九六年に『原典　社会主義経済計算論争』を編集して、その「解説」で「〈分配〉問題を重視して正面から解明すること[29]」の重要性を指摘した。第1節で「生産関係」を重視したことをマルクスの業績だと指摘したが、その裏側には〈分配〉問題の軽視が付随していたのである。長所の裏に短所あり、である。私は、この「解説」でクルト・ロートシルトを引いて「成長それ自体と生産および消費の不断の拡大とは、社会主義の究極目標ではな」いと明らかにした。マルクスとは対極的なJ・S・ミルの「停止状態」論の先駆性に学ばなくてはならない。

この「弔鐘が鳴る」については、森岡真史氏が「レーニンと『収奪者の収奪』[30]」で論文の冒頭にこの一句を掲げて、そこに問題があることを示唆した。

もう一つ問題がある。引用文中の「自然過程の必然性」である（フランス語版では「自然の変態を支配する宿命[31]」と変更。語感を和らげたのか？）。この一句は唯物史観の定式と合わせて「歴史の必然性」として知られている。私は、九一年の「協同社会主義の構想」で「マルクスの理解は誤り[32]」と一言だけ指摘した。さらに、九七年に「ロシア革命と『歴史の必然性』の罠」で取り上げた。その要点を再説しよう。

保住敏彦氏が明らかにしたように、この問題は二〇世紀初めにレーニンとベルンシュタインの間でも論争になっていた。結論だけ示すと、レーニンによって「修正主義者」と断罪されたベルンシュタインは「マルクスの経済的要因を中心とした歴史的決定論的な捉え方を否定し、倫理的な要因を導入した[33]」。ベルンシュタインは「社会主義への移行の必然性を主張するのではなく、社会主義が倫理的に望ましいものであるという理由から、社会主義を主張したのである」。日本でも昭和天皇の教育係りもした小泉信三が一九四九年に著した『共産主義批判の常識』で、「われわれの結論し得ることは、社会主義到来の可能性またはせいぜい蓋然性（確からしさ）に過ぎぬ[34]」と明らかにした。小泉は「社会主義の到来はある蓋然性をもつというのと、社会主義の到来は歴史的必然であるというのとでは、それから人の受ける印象は全く違う。人は歴史的必然の前には畏怖するが、その実現がある確からしさをもつにすぎぬという事物に対してはあえて批判をすることをはばからぬであろう」と書いた（小泉は、社会主義経済計算論争にも論及した）。

ベルンシュタインと小泉信三の思想的立場は異なるが、「歴史の必然性」についての批判はいずれも的を射ている。二人とも人間の主体性に重点をおいて人間と歴史を捉えていた。

私はこの論文で、さらに人間の〈自主性〉を強調したミルと〈意識性〉を強調したマルクスとを対比して、「〈自主性〉も〈意識性〉もともに〈人間らしさ〉の本質的核として定位されるべきであると考える[35]」と主張した。ミルがマルクスとは違って〈多様性〉や〈人間の可謬性〉を強調していたことも知っておくほうがよい。

さらに三つ目の問題として、前記の引用に続く最後のパラグラフを取り上げる必要がある。マルクスはこう書いている。

「資本主義的な私的所有への転化は、……資本主義的所有の社会的所有への転化よりも、比較にならないほど長くかかる、苦しい、困難な過程である。前の場合には少数の横奪者による人民大衆の収奪が行われたが、後の場合には人民大衆による少数の横奪者の収奪が行われる」。

分かりにくい書き方であるが、「第二の否定」＝「人民大衆による少数の横奪者の収奪」は短く簡単だと言うのである。これは全くの錯誤であった。簡単どころか、マルクス死後二〇〇年経っても資本主義は存在し続けている。人口構成の多寡によって、社会の変革の難易度が決まるわけではない。どうしてこんなふうに書くことになったのか、不明である。宇野経済学の場合なら、資本制経済の原理論では資本制経済が「永遠にうごく『かのごとくに』」[36]と設定されるのだが、マルクスの場合には「収奪者が収奪される」に力点が偏重するからではないだろうか。

ついでながら、今回、『資本論』をパラパラと頁をめくっていたら、「第六節　産業資本家の創生記」に「革命は法律によっては行われない」[37]などと書いてあったことに気づいた。「産業資本家の創生記」ならそうであろうが、今日の民主政の下では、法律を無視することは出来ず、逆に法律に則って革命を実現（〈則法革命〉）[38]しなくてはならない。

私のような左翼の活動家は、『資本論』を読むといっても難解な経済学をとても理解できるはずはなく、頑張って全巻を読み進むと最後に「弔鐘が鳴る」と教えられ、そこで「なるほど資本制経済はダメになるのだ」とわが意を得たりと満足して、自分の実践は偉大な『資本論』に裏打ちされているのだと自信を増す。そこに落とし穴が存在したのである。

最後に、マルクスの研究姿勢について検討する。

マルクスは『資本論』初版への「序言」の結びでは、「なんじの道を進め、そして人々をして語るにまかせよ」[39]と書いた。訳注には「ダンテの『神曲』「煉獄篇」第五からの言い換え」と書いてある（しかし、ダンテはそうは書いていない）。さらに『ゴータ綱領批判』の結びでは「われは語り、かくてわが魂を救えり」[40]と書いた。この訳注には「私はあらかじめ警告を発しておいた、それゆえ以後の事態については責任を負わない、という意味。一般的には旧約聖書、エゼキエル書三の一九と創世記一九の一七とが出典とされている」とある。

このような姿勢は正しいであろうか。断じて否である。この姿勢は、自己慰安に過ぎない。私たちはこのような姿勢に陥ることなく、生起した事態に対して責任を分有しなくてはならない。

先日、私の本『「創共協定」とは何だったのか』[41]の出版記念の討論会（二月四日）で北島義信氏に講演していただき、討論の時に、私がこの話をしたら、浄土真宗高田派の前住職でもある北島氏が「親鸞はまったく違う」と応じた。その後で北島氏から関連する文献を送っていただいたが、親鸞は、法兄である聖覚を引いて「善・不善の心を起こすありとも、菩薩みな摂取せん」と説いて、「われおくれば人にみちびかれ、われさきだたば人をみちびかむ。生々に〔ずうっといつまでも、の意〕善友となりてたがいに仏道を修せしめ」と諭したという。分かりやすく言えば、「敵」とも平等に対し、学び、ともに正しい道を歩んでいこうという教えである。

私はここで、フィヒテを想起した。平和を重視したフィヒテはフランス革命に直面して、「特権階級」の廃止を主張すると同時に、「特権階級」をギロチンに掛けるのではなく、労働教育を施して、労働するように変えることが必要だと説いた。[42]社会の変革と革命は、報復の論理によってではなく、〈友愛〉の心を基礎にして実現しなくてはならないのである。

〈注〉

(1) 武田信照『ミル・マルクス・現代』ロゴス、二〇一七年、一八三頁〜。

(2) 不破哲三『マルクスは生きている』平凡社、二〇〇九年、八頁。

(3) ポール・メイソン『ポストキャピタリズム』東洋経済新報社、二〇一七年。ただし、「歴史の理論においては、マルクス主義は非の打ち所がない、と言える」(一〇七頁) は誤りである。

(4) エンゲルス『空想から科学へ』国民文庫・大月書店、一九五三年、八四頁。

(5) 尾高朝雄『法の窮極に在るもの』有斐閣、一九四七年、一九五頁。

(6) 村岡到「『唯物史観』の根本的検討」『連帯社会主義への政治理論』五月書房、二〇〇一年、に収録。

(7) マルクス『資本論』フランス語版、法政大学出版局、一九七九年、上・五四頁。

(8) マルクス『ゴータ綱領批判』岩波文庫、一九七五年、三八頁、五三頁。「解説」二〇九頁。

(9) マルクス『資本論』第一分冊、新日本出版社、一九八二年、一三三頁。

(10) 村岡到「『計画経済』の設定は誤り」『協議型社会主義の摸索』社会評論社、一九九九年。同「〈協議経済〉の構想」同。

(11) 村岡到「ソ連邦経済の特徴と本質」『協議型社会主義の摸索』に収録。

(12) 望月清司『ゴータ綱領批判』の訳注、六四頁。

(13) 森岡真史・書評「マルクス主義の責任の明確化」。村岡到編『ロシア革命の再審と社会主義』ロゴス、二〇一七年、一六一頁。

(14) 村岡到「人間の全面発達」か〈友愛〉か——志位委員長の新春対談の誤り」。近刊の村岡到『日本共産党を正視する』に収録、参照。

(15) マルクス『共産党宣言』岩波文庫、四一頁、五四頁、六五頁、五五頁、八七頁。
(16) マルクス・エンゲルス『ゴータ綱領批判・エルフルト綱領批判』国民文庫、一九七七年、一〇二頁。
(17) 村岡到「『まず政治権力を獲得』論の陥穽」『連帯社会主義への政治理論』に収録。
(18) 村岡到『生存権所得』社会評論社、二〇〇九年／『ベーシックインカムで大転換』ロゴス、二〇一〇年／『ベーシックインカムの可能性』ロゴス、二〇一一年。〔本書収録時の追記〕私が創語した「生存権所得」について、山森亨氏が「優れた訳語」と評した（山森亨「東日本大震災と所得保障の必要性」：『大原社会問題研究所雑誌』六三四号：二〇一一年八月号、三九頁）。
(19) 不破哲三『レーニンと「資本論」』第五巻、二〇〇〇年、四二二頁。村岡到『不破哲三との対話』社会評論社、一六九頁。
(20) 『マルクス・カテゴリー事典』青木書店、一九九八年。『ソ連邦の崩壊と社会主義』三二一頁〜で説明。
(21) 平野義太郎「法律に於ける階級闘争」。長谷川正安・藤田勇『文献研究・マルクス主義法学』日本評論社、一九七二年、三頁。
(22) グスタフ・ラートブルフ『社会主義の文化理論』みすず書房、一九五三年、一三四頁。
(23) 小林直樹『憲法の構成原理』東京大学出版会、一九六一年、一三八頁。
(24) 熊沢誠『民主主義は工場の門前でたちすくむ』田畑書店、一九八三年。
(25) マルクス『資本論』第四分冊、一三〇六頁。
(26) 宇野弘蔵『経済学方法論』東京大学出版会、一九六二年、三六頁。
(27) 宇野弘蔵・梅本克己『社会科学と弁証法』岩波書店、一九七六年。
(28) 村岡到「協同社会主義の構想」『現代と展望』第三二号：一九九一年一二月、「個々人的占有の創造」『現代と展望』第三五号：一九九三年五月。

(29) 村岡到編『原典　社会主義経済計算論争』ロゴス、一九九六年。関連文献の一覧表も付した。「解説」は『貧者の一答』ロゴス、二〇一四年、に収録。

(30) 森岡真史「レーニンと『収奪者の収奪』」。上島武・村岡到編『レーニン　革命ロシアの光と影』社会評論社、二〇〇五年、三三頁。

(31) マルクス『資本論』フランス語版、下・四五七頁。

(32) 村岡到「協同社会主義の構想」『現代と展望』第三二号、一一頁。

(33) 保住敏彦『社会民主主義の源流』世界書院、一九九二年、三六頁。

(34) 小泉信三『共産主義批判の常識』講談社、一九七六年、八二頁、八三頁。初版は一九四九年。

(35) 村岡到「ロシア革命と『歴史の必然性』の罠」『協議型社会主義の摸索』二二五頁。

(36) 宇野弘蔵・梅本克己『社会科学と弁証法』三〇頁。

(37) マルクス『資本論』第四分冊、一二八四頁。

(38) 村岡到「〈則法革命〉こそ活路」『連帯社会主義への政治理論』参照。

(39) マルクス『資本論』第一分冊、一四頁。

(40) マルクス『ゴータ綱領批判』七六頁。

(41) 村岡到『「創共協定」とは何だったのか』社会評論社、二〇一七年。

(42) フィヒテ『フランス革命論』法政大学出版局、一九八七年、二三八頁。村岡到「オーストリアの社会主義理論の意義」『連帯社会主義への政治理論』四七頁。

「ソ連邦＝党主指令社会」論の意義

はじめに

その国名に地理上の名称が付いていなかった（国民国家を超克する意志の表現であった！）、恐らく唯一の国「ソ連邦」が崩壊して、二三年が過ぎた。その長い正式名称「ソヴィエト社会主義共和国連邦」のなかには「社会主義」の語も入っていたので、普通には「ソ連邦」は「社会主義」国と思われていたし、今もかなりの範囲でそう思われている。ソ連邦の崩壊は、社会党の解体をはじめ左翼の大きな衰退を招いた。左派の再生のためには、ソ連邦とは何だったのかを明らかにしなくてはならない。ソ連邦は何だったのか、その存在と崩壊の教訓は何かを明らかにすることは、あえて言えば人類の未来を切り開くための不可欠の課題の一つである。

『季論21』第二五号（二〇一四年七月、本の泉社）が「ポスト資本主義へのアプローチ」を特集している。長砂実、荒木武司、岩田昌征、聴濤弘、大西広の五氏の論文を収録。聴濤論文「『ソ連』とは何だったのか」は、従来のソ連邦論を四つに整理して、「国家資本主義」

説や「社会主義と無縁」説などを退け、「トロツキーに起源する」論を「傾聴に値する」と評している。自身の理解としては「党の国家化と位階制社会の形成」として明らかにしている。長砂論文「『新しい社会主義』を模索する」は、ソ連邦を「失敗した『資本主義から社会主義への過渡期』社会」と結論している。

手前味噌になることは気が引けるが、「トロツキーに起源する」論を積極的に論じているのは、残念ながら私しかいない。私は、トロツキーに学んで一九七〇年代半ばから一貫して、ソ連邦を「資本主義から社会主義への過渡期社会」だと主張してきた。近年は〈党主指令社会〉として明らかにしている。

『季論21』の特集については、ごく短い論評を加えた（本誌〔『探理夢到』〕第七号）が、この機会に改めていわゆるソ連邦論について整理する。

私が初めて書いた長い理論的論文は、「〈ソ連邦＝堕落した労働者国家〉論序説」と題するもので、一九七五年に『第四インターナショナル』に二号にわたって掲載された。「序説」と明記してあるように、トロツキーの見解を整理した習作にすぎないが、「スターリン主義官僚制の二面性」と項目を立てていた。

一九八〇年に政治グループ稲妻を創成した時期には、「スターリン主義官僚制の二面性」を根拠に「官僚制過渡期社会」と規定して「官僚制の克服」を方向指示した。「労働者国家無条件擁護」と「反帝・反スターリン主義」の両極を超えるためにである。そして、この視点から日本共産党の「社会主義生成期」論（後述）を批判してきた。

ソ連邦崩壊後の「国家資本主義」論に対しては、一九九六年に大谷禎之介氏ら編『ソ連の「社会主義」は何だったのか』（大月書店）が刊行された直後に「『ソ連邦＝国家資本主義』説は論証されたか」で全面的批判を加え、翌年に刊行された聴濤氏の『ソ連とはどういう社会だったのか』（新日本出版社）に対しては「『社会主義生成期』説を放棄したあとで」で批評した（二つとも『協議型社会主義の模索』に収録）。

二〇〇九年には「ソ連邦論の歴史的射程」を『プランB』第一九号（二月）に掲載し、ソ連邦崩壊二〇年の二〇一一年に『経済科学通信』が「『ソ連型社会』とは何であったか」を特集した後、その次号に求められて「誌面批評」として短い論評を掲載した。この年には、「ソ連邦崩壊から20年シンポジウム」を組織し、このシンポジウムを土台に論文集『歴史の教訓と社会主義』（ロゴス）を編集・刊行した（私の論文「社会主義像の刷新」も収録）。

第1節　基本的立場と姿勢

まず、この問題を取り上げ解明する基本的立場と姿勢をはっきりさせなくてはならない。

第一に、一九一七年のロシア革命の勝利によって切り開かれた社会主義の実現にむけての実践の大きな意義を明らかにしなくてはならない。ロシアにおいてレーニンを最高の指導者とするボリシェヴィキによって主導された、ツアーの帝政を打倒した革命は、わずか七二日間で幕を閉じた一八七一年のパリ・コミューンとは異なって長期にわたって持続し、そのことによって国際政治と各国の資本制社会に大きな影響を与えた。労働者の働く条件を取り上げれば、八時間労働制、社会保障制度、有給休暇制度を導入することを促し、国家の経済における計画性（年次国家予算や国民経済の諸指標）を創出させることになった。一九三一年にはアムステルダムにおいて「世界計画経済会議」が米ソなど主要二〇有余国から著名な経済学者が集まって開催され、その名称にも明示されているように「計画経済」が話題の中心となった。二年前には世界大恐慌が襲っていた時期にである。

世界史において積極的な業績としてその軌跡を残したロシア革命は、一九二四年一月のレーニンの死後、スターリンによって主導されることになり、各国の革命運動にとってもロシア国内の政策においても逸脱を深め、共産党指導部による強圧的な政治に陥った。一九二〇年代以降にスターリンの政治に反対する者は「反革命罪」で五〇〇〇カ所にも及ぶ強制労働収容所（＝ラーゲリ）に収容された。その数は数百万人から数千万人説がある。

それゆえに、ロシア革命とソ連邦を解明することは、この肯定面と否定面を合わせて明らかにしなければならない難問となった。一九一九年に創成されたコミンティルンの各国支部として形成されることになった、各国の共産党は、資金的・人的支援にもよって、スターリンが主導する諸行動・諸政策をただ支持し、それに従うことを習性にしていたがゆえに、ソ連邦の否定面を直視・批判することはできず、目をつむるだけであった。まれに批判する者は、党外に叩き出された。

したがって、ロシア革命とソ連邦を解明することは、この否定面を正視し批判することを不可欠の内実とする難儀な営為となるほかなかった。これが、第二点である。ソ連邦をすでに「社会主義」が実現した理想の国とみなすような、怠惰な常識に安住していたのではとても引き受けることはできない課題だった。

さらに第三に、ソ連邦崩壊後には新しい課題が追加される。ロシア革命とソ連邦はマルクス主義によって主導されていると、長い間、当事者によって自称・宣伝され、外部の観察者によってもそう思われてきた。それゆえに、ロシア革命とソ連邦を解明することは、同時にマルクス主義の内実を俎上にのせて再審することでもあらねばならない。そこで犯された重大な誤謬や逸脱に、マルクス主義は責任を負う必要はないのか、という厳しい反省を迫るはずなのである。

ロシア革命など無かったかのように素通りして、二一世紀の現実にも断片的には通用するマルクスの文言を繰り返したり、マルクスの文献探索に熱中してマルクスやマルクス主義を宣伝することは、無責任以外の何者でもない。逆にロシア革命やスターリンの悪行を暴き立てながら、マルクスとマルクス主義の限界に目をつむることも大きな誤りである。

第四に、この問題をめぐる思索と探究は、〈社会主義像〉の深化・豊富化として結実する方向でなされなければならない。そうでないなら、ほとんど意味はない。どんなことにせよ、事実を知る意味はゼロということはないが、私たちがソ連邦論に関心を寄せるのは、日本において社会主義を実現するという志向性の故である。

だが、このことは、社会主義という志向性を持たない研究や認識を排除することをいささかも意味しない。とくにロシア革命とソ連邦の解明に限定されるわけではなく、理論的探究一般に通じることであるが、党派的な色眼鏡による価値判断を避けることが大切である。これが第五の姿勢である。

別に言えば、誰が主張しているかではなく、何が説かれているのかを主軸にして思考することである。属人思考の愚は、仏教思想家の植木雅俊氏が明確に指摘していた。[1] 抽象的な話だけでは飽きるだろうから、本稿冒頭で挙示した長砂論文の結びを例示しよう。「従来の『閉鎖的』『自足的』研究を改め」なくてはならないのである。

第2節　三つの誤った「理論」

すでに冒頭に引いたように、聴濤論文は、従来のソ連邦論を①「国家資本主義」、②「国家社会主義」、③「非資本主義」、④「過渡期でもなかった」の四つに整理している。③を「トロツキーに起源する」論として「傾聴に値する」と評している。④はこの表現よりも「社会主義と無縁」説としたほうが分かりやすい。日本共産党はそう表現しているからである。長砂論文では、この説を「『社会主義とは無縁な』存在であったのであり、『社会主義への過渡期』でもなかった」と表記している。

長砂氏は③④の表現の違いはあるが、①②④はいずれも誤りとして退けている。冒頭で明らかにしたように、私は一貫して聴濤氏の整理によれば③を主張して、それ以外の三つの「理論」をきびしく批判してきた。改めてその要点を明らかにする。

A 「国家資本主義」説の難点

ソ連邦を「国家資本主義」と見る説は、一九九一年末のソ連邦崩壊の後に、一部で流行となった。前記のように、一九九六年に大谷禎之介氏ら編『ソ連の「社会主義」は何だったのか』が、マルクス主義の正統派に近いと評価されてきた大月書店（マルクス・エンゲルス全集やレーニン全集の版元）から刊行された。

この説の根本的な難点は、「資本主義」だと規定しているにもかかわらず、ソ連邦の経済が「賃労働と資本」を基軸にしていると実証できず、生産の動機・目的が利潤にあることも「価値法則」が貫かれていることも示せないことであり、ソ連邦の経済を少しでも観察すれば、すぐにその大きな特徴として気づくはずの「ヤミ経済」や「指令」についてまったく触れないことである。

しかも単に付随的ではないのであるが、これらの論者は、この「国家資本主義」説が、一九二〇年代にすでに唱えられていて、トロツキーなどによって厳しく批判されていた事実にまったく触れない。ここではその内実に深入りすることは避けるが、ピエール・フランクの『第四インターナショナル小史』によれば、「『国家資本主義』の理論は、〔一九一七年のロシア〕一〇月革命の後にオットー・バウアーやカール・カウツキーら社会民主主義者によって創唱された(2)」。そして第四インター周辺では二〇年代にすでに争点となっていた。

一九五六年のハンガリー事件を契機にして出発した新左翼運動が台頭してきた一九六〇年代に一時期ながらソ連邦論が争点になった。ブント系列からは、「国家資本主義」論を再論する者も現れ、トニー・クリフの『ロシア＝官僚制国家資本主義論』（論争社）が翻訳されたり、対馬忠行の『ソ連「社会主義」の批判』（同）が読まれた。

過去の類似の論争・理論を顧みないことは、何事によらず迷路に陥没する近道となる。逆に過去に学ぶ者は、誤謬を避けることができる。聴濤氏は、「国家資本主義」用語について、「それがなにを意味するかをだれも正確には知らないという点で都合がよい」という皮肉に満ちた警句を引用しているが、これはだれあろう、トロツキーが『裏切られた革命』で放った批判である(3)。

蛇足ではあるが、この謬論をなお主張している大西氏は、冒頭の論文で自説が「今や日本のマルクス派理論経済学者の半数が支持するものとなっている」と注記している。おやおやという思いを抱かずにはいられない。というのは、彼は三年前には、自分の論文の冒頭で、自説が「日本のマルクス主義者の間では最大多数の理解」を意味する「通説」になったと誇示していたからであり、かつそのことを私は前記の「誌面批評」で「根本的な錯誤にすぎない」と批判したことがあったからである。「マルクス主義者」が「マルクス派理論経済学者」とより狭くなったのは、私による批判の故かもしれない。「大御所」、「前々会長」、「会長」「名誉教授」だのが同じ言葉を使うようになったから、などという権威主義的思考（嗜好）に同調する人は少ないであろう。支持者の多少は意味があるが、多数だから正しいなどとは、小学生でも考えないだろう。しかも「マルクス派理論経済学者」を自認する「学者」はどのくらい存在するのか？「マルクス派理論経済学者」なるものを無前提に正しいとする錯覚から卒業することを勧める。

そんな下らないことよりも、今度の大西論文には、「国家資本主義」説の致命的弱点が示されている。大西氏は、「マルクス経済学的な『資本主義』概念とは何か」を定義すると力んでいるが、「資本蓄積」だけを問題にしているにすぎない。その定義では「労働者と資本」の対立にまったく触れない。「労資対立」を欠落させた「マルクス経済学」とは何だろうか？「国家資本主義」説がもっぱら生産力の高低だけにこだわる根本的な誤謬の根拠こそ、「労資対立」認識の欠落にある。

なお、「誌面批評」で書いたように、この前号の特集では、森岡真史氏の論文だけが光っていて、彼の問題提起に答える必要がある。後述の拙論はその答えになっている部分もある。

B 「国家社会主義」説の迷妄

次に登場したのが、「ソ連邦＝国家社会主義」説である。「国家」を付したにせよ、とても「資本主義」とは言えないが、トロツキズムにあまりに接近したくはないし、しかも形容句ぬきに「社会主義」とすることは気が引けるというわけで「国家社会主義」を選んだのであろう。ロシア研究者の和田春樹氏などもそうつぶやいていた。「現実社会主義」だの「現存する社会主義」なども似たようなものにすぎない。ついでながら「奴隷包摂社会」なるバカげた意見もあった。

イギリスのデーヴィッド・レーンの『国家社会主義の興亡』(明石書店)が二〇〇七年に翻訳された。レーンは、「日本語版序文」では「著者の接近が他と異なるもっとも重要な点は、国家社会主義社会を『全体主義』とも『社会主義』とも見ていないことであ(4)」ると注意している。「『社会主義』とも見ていない」のに、「国家社会主義」と呼称するのは背理である。

また、レーンは、「国家社会主義の崩壊」は「マルクス主義ではなく、ボリシェヴィズムの崩壊である(4)」と考えている。スターリンやレーニンには問題があるが、マルクスは依然として正しいというわけである。彼には、唯物史観の限界についての問題意識が欠如している。

「国家社会主義」のレッテルがなぜ不適切なのか。大きな理由は三つある。

まず、なお「社会主義」とは言えないものを「社会主義」と呼称する点であり、別の言い方をすれば「社会主義」とは何かが不明なことである。

次に「国家」に特徴を見出そうとしているが、ソ連邦のきわめて重大な特徴はその国家における共産党の位置にこそある(この点は第4節で詳しく明らかにする)。そのことが不明になってしまうことに、「国家社会主義」説の弱点がある。この点は、「国家資本主義」説の弱点でもある。

さらに、〈社会主義〉への展望を見失い、〈社会主義〉への努力を放棄することになる。「国家」という形容はつけるがともかく「社会主義」と認めるから、ソ連邦の崩壊は、ストレートに「社会主義の崩壊」として理解される。「国家社会主義」の用語を使う人は、ほとんどトロツキーと第四インターの闘いを無視していることも特徴的であり、それは偶然ではない。

C 「社会主義とは無縁」説は無責任

ソ連邦を「社会主義とは無縁」とする説は、日本共産党によって二〇〇四年の第二三回党大会で改定された「綱領」で確認されることになった。ソ連邦崩壊から一三年も経ってから「ソ連（など）は社会主義とは無縁な人間抑圧型の社会」だったとされた。つい最近では、同党のただ一人の理論家不破哲三氏は「レーニンは……マルクス本来の立場を完全に誤解した」（後述）とまで評するほどになった。驚くべき変貌であるが、そのことの意味に深入りする前に、共産党については少し詳しく歴史的に明らかにしなくてはならない。

コミンティルン日本支部として一九二二年に創成された日本共産党は、この九〇年余の半分以上の長きにわたって、ソ連邦を「社会主義」と認識して積極的なものと評価してきた。ソ連邦共産党とは一時期は論争・対立したこともあるが、関係修復して、一九八六年には不破副委員長が、ペレストロイカを主導したゴルバチョフ書記長にどちらが先に面会するか、社会党の土井たか子委員長と先陣争いをしたほどであった（二日前に会えた）。

現在の共産党の出発点となった、一九六一年の第八回党大会で決定した「綱領」では、明示的にではないが、「ソ連」は「社会主義陣営」とされていた。

いわゆる社会主義圏を揺るがす大きな出来事は、一九五六年のハンガリー事件の次には、六八年のチェコスロバキア事件、八〇年のポーランド連帯の闘いと、申年に生起した。ハンガリー事件は、日本共産党が「五〇年分裂」を収束させた一九五五年の「六全協」の直後で批判的に対応できず、このことが新左翼誕生の土壌となった（共産党は三三年後の一九八八年に自己批判を発表した）。チェコスロバキア事件に対してはソ連邦や東欧五カ国の軍事介入をすぐに批判した。その期間には小さな認識の「前進」があった。

一九七七年の第一四回党大会で「社会主義生成期」論を提起した。この理論は、当初は副委員長の上田耕一郎によって「目から鱗」の新理論として自画自賛されていた。その内実は、否定的な出来事は生まれたばかりだから仕方がないという弁護論にすぎず、周辺の社会主義研究者に影響を与えたが、後述の第二〇回党大会で何の議論もないままに廃棄処分となった。したがって、検討するに値いしない。

一九八五年の第一七回党大会で改定した「綱領」では、「社会主義の制度的優位性」を確認して、「さまざまの逸脱にもとづく否定的現実は、歴史の発展にそむくものであり、世界の心ある人びとを悲しませた」と嘆いた。

一九九一年末のソ連邦崩壊の後には、評価を大きく変更した。

二年半後の一九九四年の第二〇回党大会で改定した「綱領」では、「対外的には覇権主義、国内的には官僚主義・専制主義の誤った道にすすみ」として、「社会帝国主義への堕落」とか、「ソ連覇権主義という歴史的な巨悪の解体」と悪罵した。同時に、この大会では、前記のように「社会主義生成期」論を廃棄し、「社会主義でも、それへの過渡期の社会でもなかった」とした。だが同時に「社会主義をめざす国」ともされた。頭髪がほとんど抜けたのにざんばら髪であると言うようなもので、まったくチグハグな説明である。誤った前説の代わりに打ち出されたのだから長持ちしなくてはいけないはずなのに、「めざす国」を復唱する者は現れなかった。

二〇〇四年の第二三回党大会で改定した「綱領」では、前記の引用に加えて「社会主義の道から離れ去った覇権主義と官僚主義・専制主義の破産」として、「ソ連覇権主義という歴史的な巨悪の崩壊は……新しい可能性を開く意義をもった」と強弁された。

このように、共産党のソ連邦認識は後追い的であるばかりか、確定した明確な内実を備えていない。「社会主義生成期」論については、『前衛』誌上などでも論争が展開されたが、それ以後、この種のテーマでは論争もなければ、目立った論文も提起されていない。その意味で、冒頭にあげた『季論21』が特集を組み、『前衛』誌上での論争にも登場していた長砂氏や聴濤氏が執筆していることはきわめて注目すべき動向である。聴濤氏は、例外的に「官僚制問題」にも重点を置いて論じていた。

だが、多作の不破氏は、肝心な問題をネグレクトしたまま、「スターリン秘史」に没頭して『前衛』に連載している〔後に六冊の著作となった〕。かつ、レーニンについて語るや、前述のように「迷妄」というしかない放言を発している。正確に紹介しないと失礼なので説明すると、今年〔二〇一四年〕六月一〇日に党本部で開かれた「理論活動教室」で、マルクスの革命論をテーマにして講義したなかで、マルクスが晩年には彼の言葉でいう「多数者革命論」に到達したとして、一八七八年にマルクスが書いた文書を論文名は上げずに取り上げ、「……革命の平和的な道の可能性があることをマルクスが明言したことは非常に重要な意味を持つ」と強調し、これとの対比で、「レーニンは、国家を改造して利用するというマルクス本来の立場を完全に誤解した」[5]と語った。

革命の形態という問題については、別稿で明らかにしたいが、ここでは、このレーニン否定が、ロシア革命否定・忘却に繋がっていることをはっきりさせておきたい。実は、不破氏は、昨年一一月に「有名な女性革命家のローザ・ルクセンブルクは、一九〇五年にロシア革命が起きた時に書いた論文で、革命というものは自然発生的に起きるもので、革命を党が準備したりするのは邪道だと論じました」と、「『古典教室』を語る」なる鼎談のなかで発言していた[6]。つまり、「完全な誤解」にすぎない革命論によってレーニンが主導したロシア革命は、歴史的な価値の無いものとして葬り去られようとしている。だから、今年一月に開かれた第二六回党大会の決議の第2章では「世界の動きをどうとらえ、どう働きかけるか」と設定されていて、その冒頭に「二〇世紀におこった世界の最大の変化は」と主語を立てているのに、ロシア革命もソ連邦の崩壊も一言も出てこないことになったのである。

このように、「社会主義とは無縁」説もまた、採用できない謬論なのである。長砂氏は不破氏を名指しすることは避けながら、その誤りを全面的に明らかにしている。

第3節　トロツキーの「堕落した労働者国家」論の有効性

ロシア共産党の党内闘争においてスターリンに敗れ、自らがレーニンと並んで主導した「革命ロシア」から一九二九年に極秘のうちに国外追放されたトロツキーは、以後、第四インターを創成して、一九四〇年にメキシコでスターリンの刺客によって殺されるまで、「世界革命」のために闘った。この闘いでの不可欠となる前提は、ソ連邦をいかなるものとして認識・評価するのかという問題であった。この難問の解答として提出されたのが、一九三六年に刊行された『裏切られた革命』である。

この著作は、以後トロツキズムのいわばバイブルとなった。日本では、戦前にも翻訳されていたが、黙殺された。戦後は山西英一によって翻訳され、論争社から一九五九年に刊行され、新左翼活動家の必読文献となった。論争社は、岩波書店や大月書店とは異なる、いわば右派系列の出版社である。山西さんに教えていただいたエピソードを明かすと、敗戦後に岩波書店などに出かけて「トロツキーの名を出すと、編集部の人たちはみな嫌な顔をして席を立った」という。それが時代の流れだったのである。一九六〇年代でも、共産党の党員は、トロツキーの著作をこっそり押入れに隠して読んでいたという。正統派の中では、トロツキーは不倶戴天の敵だったからである。

『裏切られた革命』にはこう書いてある。「空想の翼をどんなに勝手に広げて見ても、マルクスやエンゲルスやレーニンがえがいた労働者国家の輪郭と、今日スターリンを先頭とする現実の国家との間の対照のように、甚だしい対照を想像することは困難であろう」(7)。このトロツキーらしい言葉に、スターリンが主導するソ連邦の現実に対する厳しい立場がくっきりと表現されている。

『裏切られた革命』の要点は次の六点にあると、一九八三年に書いた「社会主義社会への歴史的発展[8]」で整理した。より簡略に引用する。

①現在のソヴィエト体制は、資本主義から社会主義への過渡期である。

②国有財産と計画経済が維持されているから、労働者国家は転覆されてはいない。

③官僚は階級ではなく、階層である。

④官僚的独裁政治は、ソヴィエト民主主義に代わらなければならない。

⑤官僚を打倒する第二の補足革命が必要である。

⑥労働者国家として極度に堕落しているが、帝国主義に対しては無条件に防衛されなければならない。

このように、トロツキーの理解は、「二つの対極的な側面」を持っていた。まさに「堕落した労働者国家」というキーワードによく示されている。「堕落」に力点を置けば、「官僚を打倒する第二の補足革命」が必要となり、「労働者国家」を重視すれば「無条件に防衛（擁護）」となる。その意味ではあいまいとも言えるし、そのことが第四インターの歴史においても、何か大きな国際的事件が起きるごとに、論争点となってきた。例えば、私が在籍していた一九七九年には、ソ連邦によるアフガニスタン侵攻の是非をめぐって国際的な論争が惹起され、日本支部も分裂はしなかったが分派闘争の争点になった（この時に、ソ連邦の軍事介入を批判する意味で書いたのが「一九二〇年のワルシャワ進軍の教訓」『スターリン主義批判の現段階』に収録、である）。

しかし、②の「国有財産と計画経済の維持」を核心的要点として明確にしているところが、トロツキーの特徴であり、それはトロツキーの認識の優位性を示すものである（「計画経済」については後述）。また、④の「官僚的独裁政治」という認識も重要である。〈官僚制〉として問題点を探る出発点となるからである。対照的に、日本共産党系の研究では、官僚制をほとんど問題にしない（できない）。

また、トロツキーは経済運営における「分配」の重要性についても注意を喚起していた。『裏切られた革命』で、特権官僚と貧しい労働者の隔絶たる格差を直視して、「皮相な『理論家』は富の分配は、富の生産にくらべて第二次的な要因だということで、自分自身をなぐさめることができる(9)」と辛辣に批判した（このくだりに分配を軽視したマルクスへの言及があればなお良かった）。

本稿の冒頭での長砂氏と聴濤氏の最新の認識にも明白なように、今日なお有効なのは、前節で点検した三つの「理論」ではなく、このトロツキーの認識なのである。もちろん時空を超えて子どものように教条を繰り返すのではなく、それらを認識の拠点として、現実の変動に応じてその内容を深化させる必要がある。節を改めて、どのように認識を進めてきたのかを明らかにしよう。

第4節　村岡ソ連邦論の到達点

何事によらず、難問への他人の解答を批評することは割合に容易いと思われていて、自分で解答を書くことはより難しいとされている。だが、自身の解答がそれなりの水準を保持していなければ、他人への批評も的確さを欠くものとなる。いずれにしても自身の解答を提示することこそが大切である。

私は三九年前の論文いらい、ソ連邦論については何度も書いてきた。基本的な立場と姿勢は変わらないが、理論的表現は変化してきた部分もある。

一九七五年の習作「〈ソ連邦＝堕落した労働者国家〉論序説」では、「スターリン主義官僚制」とも「過渡期社会」とも書いていた。

一九八三年に書いた「社会主義社会への歴史的発展」では、「官僚制」問題を重視して、〈官僚制過渡期社会〉と明らかにし、〈官僚制の克服〉を提起した。私は、溪内謙の「ソ連邦の官僚制――若干の問題整理へのこころみ」（『思想』一九六五年一月号）に学んで、官僚制問題の重要性を知り、それは後年にウェーバーの官僚制論の摂取へと導いてくれた。

一九九九年に「ソ連邦経済の特徴と本質」では、経済について「官僚制指令経済」とした。

二〇〇三年に「『社会』の規定と党主政」では「指令制党主政」と書いた。

二〇〇九年には「ソ連邦論の歴史的射程」で、「試論：党主指令大陸的社会」と書いた。

二〇〇〇年に提起した、唯物史観に代わる〈複合史観〉――経済、政治、文化の三つの面・次元から社会を捉える試み――によって文化面での特徴づけも必要と考えたが、ロシアの文化面を「大陸的」とするのが適切なのか、あるいは文化面を無理に表現する必要があるのかは、なお思案中なので、その後は使っていない。「党主」は〈党主政〉の略で、「指令」は「指令経済」の略である。

二〇一一年の「誌面批評」では、〈党主指令社会〉と表現した。

ここでは要点だけ整理する。詳しくは前記の諸論文を参照してほしい。

理解が容易いほうからにするが、ソ連邦の経済を「指令経済」と見ることは「計画経済」の四文字しか知らない人は別として、すぐに理解できることである。ロシア研究のいわば第二世代でもっとも信頼できる塩川伸明氏は一九九九年に著した『現存した社会主義』で、経済について「指令経済[10]」と項目を立てて解明している。デーヴィッド・レーンも『国家社会主義の興亡』で「国家的所有、そして程度の差はあるが中央指令経済によって特徴づけられる社会である[11]」と書いている。ソ連邦の経済学者は「計画経済」について「指令」が最重点だと繰り返し説明していた。この問題については、「ソ連邦経済の特徴と本質」で解明した。

ところで、私が一九九七年に「『計画経済』の設定は誤り」で明らかにしたように、マルクスもレーニンさえも「計画経済」という言葉は使っていなかった。この言葉は、一九一九年に誕生したワイマール共和国の経済大臣が使いはじめたのである。だれ一人、このことに触れないのはまことに不思議である。

「党主政」について。この言葉は、二〇〇三年の『社会』の規定と党主政」で創語した。普通には「（共産）党独裁」が使われているが、「独裁」としないのは、「プロレタリアート独裁」とか「階級独裁」を連想・連接することを避けたかったからである。また、〈民主政〉の対句であることを示したかったからである。「民主主義」よりも〈民主政〉が適切であることは、前者だと「主義・主張」という日常語にも明らかなように、考え方に傾いて理解されやすいからである。そうではなく、「政治制度」であることを明示するためには〈民主政〉がよい。

ソ連邦の一九七七年憲法の第六条には「ソ連邦共産党は、ソヴィエト社会の指導的および嚮導的な力であり、その政治システム、国家組織および社会団体の中核である」と明記されていた。共産党は、憲法上で特別な位置が与えられていたのである。

専門的研究者の例もいくつか上げておこう。

ユーゴスラビア研究の第一人者岩田昌征氏は、ソ連邦崩壊の後に、ソ連邦とユーゴスラビアについて新しく「党社会主義」[12]と命名した。岩田氏は、一九六〇年代に早くもソ連邦を「国権的社会主義」、ユーゴスラビアを「民権的社会主義」と対照的に区別して論じていたが、この区別を取り払って「党」に特徴点を求めることになった。もう一人は法学者の大江泰一郎氏である。大江氏は一九九二年に著わした『ロシア・社会主義・法文化』で「『人権』や『人民主権』を排除して『共産党の指導的役割』を基軸に据えた社会秩序」[13]と特徴づけていた。近年の例をあげれば、下斗米伸夫氏は自著のタイトルに『ソ連＝党が所有した国家』（講談社）を用いている。自然の事物ではなく、関係概念である「国家」を「所有」するというのも妙であるが、国家を主要には共産党が動かしていた事実を反映した表現ではある。さらに、ここでもレーンを借りれば、レーンは「支配的共産党によって管理される社会」と明らかにしている。〈党主政〉が適切であることは余りにも明らかである。

こうして、ソ連邦を〈党主指令社会〉と命名することがもっとも適切なのである。

むすび――〈社会主義像〉の深化・豊富化へ

第2節で「この問題をめぐる思索と探究は、〈社会主義像〉の深化・豊富化として結実する方向でなされなければならない」と確認した。だから、〈社会主義像〉はどのように深化したかを明らかにしなくてはならない。

常識的な確認であるが、世界史的には一八世紀に誕生した近代社会は、社会の基礎をなす経済が、主要には「土地の私的所有」と「生産手段の資本家による私的所有」とそれと対をなす労働者の「労働力の商品化」を基軸とする生産関係によって営まれていて、「生産の動機と目的は利潤の取得」にあり、生産物の分配は「価値法則」に貫かれて実現する。政治的には「法の下での万人の平等」を基軸にした〈民主政〉を実現した。日本の現実では、選挙制度の極度の不公平によって〈歪曲民主政〉となっている。

この経済における基軸的な関係を廃棄して〈共同の生産〉を実現することが社会主義の基軸をなす。だから、〈労働者と資本の関係を止揚する〉とも表現できる。

政治的には、従来は、「資本家階級による階級独裁」＊と理解され、「暴力革命」＊によって「プロレタリアート独裁」＊を実現し、さらに「国家の死滅」まで進むとされてきた（＊は三位一体である）。一九六〇年代以降は日本共産党の場合には「暴力革命」を排して議会による「多数者革命」と変更された。だが、私はこの伝統的な通説を誤りとして退け、二〇〇一年に発表した「則法革命こそ活路」で太字で強調したように、「政治の領域では、原理の上で根本的に変革しなければならない内実はなかったのである」と明らかにした。

私は、〈社会主義〉の核心的指標は、「価値法則を止揚する」ことにあると、一九八三年に発表した「社会主義社会への歴史的発展」で明らかにした。この課題はきわめて難儀であり、どのような形態において実現するのか、明確になっているわけでもない。何世紀先に実現するか、誰にも分からないが、この核心を保持・遠望することは、今日なお重要で大切であると、私は確信している。先取りして書くと、〈友愛労働〉に拠る〈協議経済〉によって、「市場」に代わる〈引換場〉、「貨幣」に代わる〈生活カード〉を創出することによって、この遠大な課題は実現する。

方法論について、まずはっきりさせておきたい。一九九八年の「〈協議経済〉の構想」で確認したが、一九六六年に玉野井芳郎がギリシャ神話を引いて印象深く明らかにしていたように、理念像は現実化によってその内容が深化され豊富になってゆく。歴史の経験から学ぶとしてもよい。

まさにこの視点に連接するが、ロシア革命においてもっとも経済学に長けていたプレオブラジェンスキーは一九二六年に著した『新しい経済』で、「マルクスとエンゲルスはどこを探しても、……ソヴィエト経済の発展によって提起される夥しい諸問題について何も述べていない」[15]と明らかにしていた。[14]

そして、プレオブラジェンスキーはこの著作で、「労働の動機」問題を鋭く提起した。何回も引用しているので、「人間性を長期にわたって再教育する」(16)とだけ紹介する。私の読書量など大したものではないが、この文章を引用する例を読んだことがない。私は、この視点を重視して、社会主義における労働は〈友愛労働〉になると、昨年、『友愛社会をめざす』で提起した〔二〇〇四年には「愛ある労働」としていた〕。〈友愛労働〉こそ、マルクスのいう「疎外された労働」を超える労働の積極的な表現である。

経済の運営にとってもう一つ絶対に欠かせない重要問題が存在する。何をどれだけ生産して、その生産物をどのように分配するかという大問題である。〈経済計算〉とも言う。この問題については、一九二〇年代から国際的規模で「社会主義経済計算論争」が展開されていた。だが、この論争は、日本のマルクス主義経済学においては一貫して知られてこなかった。私は、一九九六年に『原典　社会主義経済計算論争』を編集・刊行して、その解説〔本書『ソ連邦の崩壊と社会主義』に収録〕で、経済計算の不可欠性、分配の重要性、生産と分配の切断、情報公開の必要性、などを指摘した。そして、一九九八年に「〈協議経済〉の構想」を提起した。

「ソ連邦論の歴史的射程」では、〈社会主義〉について〈協議民主多様社会〉と表現した。「協議」は〈協議経済〉を「民主」は〈民主政〉を「多様」は文化の多様性を意味する。別の視点から表現すれば、「誌面批評」に書いたように、〈脱経済成長・豊か精神社会〉とも言える。〈脱経済成長〉はより厳密には、今年二月の都知事選挙で細川護熙候補が使った「脱経済成長至上主義」である。

また、経済の不可欠の主要問題として、農業を〈保護産業〉として再生させることが必要である。

この問題について、最新著『貧者の一答』の「第Ⅱ部　農業の根源的意義」で明らかにした。

以上は、経済の面に限定されているが、政治の面では前述のように、「原理の上で根本的に変革しなければならない内実はなかったのである」。だから近代社会で誕生した〈民主政〉を充全に実現することが課題なのである。

さらに、私たちは〈民族問題〉という大きな難題にも直面しているが、論及できていない。

長砂氏が希求しているように、「従来の『閉鎖的』『自足的』研究を改め」なくてはならない。「社会主義へ討論の文化を！」――忘れられたゴルバチョフの言葉を結びとしたい。

〈注〉

(1) 植木雅俊『仏教、本当の教え――インド、中国、日本の理解と誤解』中公新書、二〇一一年、一六七頁（本書『ソ連邦の崩壊と社会主義』六七頁、参照）。

(2) ピエール・フランク『第四インターナショナル小史』新時代社、一九七三年、三七頁

(3) トロツキー『裏切られた革命』論創社、一九五九年、二三七頁。現代思潮社版、二五四頁。

(4) デーヴィッド・レーン『国家社会主義の興亡』明石書店、二〇〇七年、一六頁。三三四頁。

(5) 不破哲三「赤旗」二〇一四年六月一二日号。

(6) 不破哲三「赤旗」二〇一三年一一月二二日号。

(7) トロツキー『裏切られた革命』五七頁。現代思潮社版、五六頁。

(8) 村岡到「社会主義社会への歴史的発展」『現代と展望』第九号＝一九八三年六月、第一〇号＝同九月。『岐路に立つ日本共産党』稲妻社、一九八四年、に収録。

(9) トロツキー『裏切られた革命』二三一頁。現代思潮社版、二四八頁。
(10) 塩川伸明『現存した社会主義』勁草書房、一九九九年、一〇九頁。
(11) デーヴィッド・レーン『国家社会主義の興亡』二一九頁。
(12) 岩田昌征『現代社会主義・形成と崩壊の論理』日本評論社、一九九三年、「第3章」のタイトル。
(13) 大江泰一郎『ロシア・社会主義・法文化』日本評論社、一九九二年、i頁。
(14) 玉野井芳郎「経済学と社会主義像」。W・リーマン編『比較経済体制論』上、日本評論社、一九六六年、二頁。
(15) プレオブラジェンスキー『新しい経済』現代思潮社、一九六七年、三五頁。
(16) プレオブラジェンスキー『新しい経済』二四一頁。

〈本書収録時の追記〉

本稿では、中華人民共和国については論及できなかった。中国革命や毛沢東思想、その後の歩みについては深く探究しなくてはならない。一九九三年に改正された憲法では、「社会主義初級段階」と明記され、「共産党の指導」とも、「社会主義市場経済を実行する」とも書かれるようになった。「社会主義初級段階」論は、一九八七年に開かれた中国共産党第一三回大会において趙紫陽の政治報告で提出された理論である。今年二月に刊行された『中国共産党簡史』（中共党史出版社）では「中国の特色ある社会主義」とされている（「赤旗」七月一日）。現在の中国は「党主政市場経済」と規定するのが妥当ではないだろうか。なお、「市場経済」の概念は、マルクスの『資本論』には存在しない。『資本論辞典』（青木書店、一九六六年）、『大月経済学辞典』（大月書店、一九七九年）にも無い。

〈付録 1〉

バーニー・サンダースに着目を

――アメリカにおける〈社会主義〉の可能性

第1節　サンダースの大人気に救い

ネットで「サンダース」を検索すると次々に椅子に腰掛けた彼の写真が出て来る。無所属のバーニー・サンダース上院議員（七九歳）が、二〇二一年一月二〇日に挙行されたアメリカ大統領就任式に列席した姿である。多くの参列者が華やかな装いで参列するなか、防寒ジャケットに柄入りのミトン手袋という格好で着席している。このミトンは、彼の地元バーモント州の女性から数年前に贈られたもので、ウールのセーターを再利用し、ペットボトルのリサイクル繊維から作られたフリースで裏打ちしたお手製。サンダースの人柄を一目で感じることができる。

この姿で登場したサンダースは瞬く間にSNSで話題となり、多くの著名人や若者がこの写真を使って加工した画像を投稿した。

民主党のジョー・バイデン（七八歳）の大統領就任式は、首都ワシントンが銃を手にした州兵二万五千人が配備される厳戒態勢のなかで通常のパレードは中止され、祝福ムードの無い異例な事態となった。

トランプ前大統領は、一月六日に起きた連邦議会議事堂に乱入する暴挙を煽動し、一三日に下院で二度目の弾劾決議が採決された。彼は大統領就任式を異例にも欠席する（一五二年ぶり）醜態を演じた。アメリカ社会が人種差別などで極めて深刻に分断を広げるなかで、社会主義を主張するサンダースが注目を集め共感の輪を広げていることは、分断を克服する方向への大きな救いではないだろうか。

――以上は、一月二〇日のバイデンの大統領就任式の直後に或る週刊誌に投稿した一文である（字数制限ギリギリ）。サンダースにあやかって「社会主義」が話題になれば良いというのが、狙いだったのだが、その狙いを見抜かれてか、残念ながら採用されなかった。そこで、小細工は止めて正面から主張することにしたい。

一月二〇日、ワシントンでのアメリカ大統領就任式に列席したサンダース

もう五年前に、『バーニー・サンダース自伝』が、『マルクス・エンゲルス全集』や『レーニン全集』を刊行してきた大月書店から出された。監訳者は横浜国立大学名誉教授の萩原伸次郎氏（初版『アメリカ下院のはぐれ者』は一九九七年に刊行された）。

刊行直後に『週刊朝日』で書評が掲載された（八月五日号）が、それほどの反響は起きなかった。監訳者の萩原氏が『前衛』二〇一六年九月号に「2016年米国大統領選と経済社会――「サンダース旋風」の歴史的意義はなにか」を書いているが、「赤旗」には書評は出なかった。昨年、「赤旗」日曜版が「サンダース氏に若者共感」という記事を載せた（二〇二〇年三月一五日）が、左翼の世界ではほぼ無視されていると言ってよい。

この『自伝』刊行直後に、『ソ連邦の崩壊と社会主義』（ロゴス）を書き上げた私は、その「まえがき」で、「二〇一六年七月」の出来事として次のように書いた。

「アメリカの大統領選挙では、民主党のバーニー・サンダース氏が泡沫と思われていたのに、最後まで元国務長官のクリントン氏と〔候補の座を〕競い合う大健闘だった。サンダース氏は七四歳で、共和党が強い保守的なバーモント州でバーリントン市長や下院議員としても活躍し、一〇〇人しかいない上院議員にもなり、何よりも『社会主義者』と公然と名乗っている（最新刊の『バーニー・サンダース自伝』大月書店、は必読である）。多くの日本人が『エッ！　アメリカに社会主義者？』と驚いた」。

だが、アメリカの政治についての問題意識を欠いていた私は、このように書いたもののサンダースの業績に目を向けることはなかった。昨年一一月に大統領選挙が行われ、今年一月に前記のように、バイデンの大統領就任式が挙行され、サンダースの姿が大きな話題となり、『自伝』を再読し、改めてサンダースの歩みに感銘した。そして、アメリカの政治史についての基礎的知識を知った。

まずは、そこから始めよう。

第2節　アメリカ政治の基礎的知識と格差社会の実態

アメリカ合州国の国政は、民主政で大統領制と二院制の国会、三権分立となっている。国会議員は、上院の定数は各州あたり二名ずつの計一〇〇人で任期は六年、二年ごとに約三分の一ずつが改選。単純小選挙区制で選挙権は一八歳以上、被選挙権は三〇歳以上。両院とも選挙活動では日本とは異なり戸別訪問が認められている。だが、「大多数の低所得労働者は投票に行かないし、多くは自分の生活と政治との関係をほとんど理解していない」〔七三頁〕。「選挙参加率は他のどの先進国よりも際立って低い。一九九四年〔下院選挙〕には三八％しか投票しなかった。貧困層の圧倒的多数は投票に行かなかった」〔二二九頁〕。サンダースはそこを打破することを目指した。

今年一月二〇日の南部ジョージア州の上院選挙で民主党が二人当選し、民主党と共和党が五〇人で同数となったが、ハリス副大統領が議長を兼務するので、民主党が事実上の多数派となり主導権を奪還した。

下院は四三五人で任期は二年、解散はない。選挙権は一八歳以上、被選挙権は二五歳以上。ほとんどの州は単純小選挙区制。人口の少ない七つの州では定員が一人、最多のカリフォルニア州では五三人。大統領選挙のない年の選挙は「中間選挙」と呼ばれる。下院では、南北戦争以降は共和党が多数党、民主党が少数党であることが多かったが、ニューディール時代に勢力が逆転し、一九九四年の中間選挙を機に再度逆転していた。今年一月二一日時点では、民主党：二三一、共和党：二一一、欠員：三である。『自伝』によれば、国会議員は「無料郵送特権」（三七七頁）で郵便を配達できる。国会議員は他の官職には就けない。

アメリカ社会の実態を認識することが本稿のテーマではないから、この『自伝』で説かれている事実をあげるだけにする。

アメリカでは、「富裕層の上位五％が全資産の六三％を握っているのに対して、下位の五〇％は全資産の一％を占めるにすぎない」。「トップ一％の人たちの所得がアメリカ全体の所得に占める比率は、……一九七〇年代には八％ほど……レーガン政権期の八〇年代以降に上昇を続け二〇〇八年の世界経済危機前に一八％にもなった」。サンダースは何回もこの数字をあげて強調している（一三頁）。一九九六年に最低賃金法が問題になった時に、サンダースはいくつかの数字をあげている。「アメリカの労働者のうち一二〇〇万人は一時間に五・一五ドル未満、一年に一万七一二ドル未満」（一七一頁）。他方、「連邦議員は年に一三万三〇〇〇ドル」（一七〇頁）。「何百万人ものアメリカ人が生きていけないほどの低賃金で働いている」。「トップ一％が下から九〇％より多くを所有している」。

「南部の白人労働者は、一〇〇年にわたって、アメリカで最も搾取された白人労働者だった。しかし、彼らは〔さらに劣悪な〕『黒んぼ』を持っていた」。南部では長い間、「黒人と白人が同じ部屋で腰掛けることは違法だった」（二一一頁）！

アメリカの「賃金と付加給付が、世界第一位から第一三位まで落ちた」。「子どもの貧困率は、今や先進国で断トツの高さ」になった。「刑務所の受刑者の三分の二が機能的読み書き能力を持っていない……銃撃で死亡する人数が二日間で日本の一年間の数を上回る」のが現状である。「アメリカの子どもの二〇％が貧困状態にある」（三三三頁）。「アメリカは先進国の中で富の分配が最も不公平だ」（三三四頁）。

アメリカは「先進国で唯一、国民医療保険制度のない国だ」った。「四〇〇〇万人のアメリカ人が無保険」だった。

サンダースは、一九九六年の下院選挙の演説でも、アメリカは「一九八〇年代を通じて、資産と所得の分配が最も不公平な国になっています」（一〇三頁）と強調した。医療改革や女性の権理も重要な争点であった。

「一九五四年にはほぼ三人に一人の従業員が労働組合に加入していた。今日〔二〇〇〇年代?〕、組合加入者は六人に一人にも満たない」（三五三頁）。

これらの深刻な実態は、一般に理解されている「アメリカ像」とは大きく異なっている。

第3節　サンダースの歩み

本稿のテーマであるサンダースの歩みを明らかにしよう。バーニー・サンダーは一九四一年にニユーヨーク市ブルックリン生まれた。父親は、ポーランドからのユダヤ人移民、母親はニューヨーク市生まれのユダヤ人。祖父母はナチに虐殺された。「中間層の下のほうの家庭に育った。お金がないことが、いつも緊張と悲哀の種になっている家庭というものを、私は知っていた」。「父はペンキのセールスマンで……三・五部屋のアパート」に住んでいた。「私は運動〔スポーツ〕が得意だった」(五六頁)。ブルックリン大学を経てシカゴ大学に入学し、一九六四年に卒業した。在学当時は、「公民権運動を組織する学生として、またベトナム反戦の平和活動家、労働運動や市民運動の支援者として政治に関わりはじめた」。「社会主義者同盟の一員だった」。「真面目でありながら、なおかつ楽観的でもある」ことが、彼のスタイルであった。「アメリカ合衆〔州〕国を、経済的・社会的公正と、健全な環境と、世界平和を求める闘いにおける、世界のリーダーにしようではないか」——これがサンダースの展望であり、それを「政治革命」と表現した。「本は手当たり次第に何でも読んだ」。大学の図書館で「……リンカーン、フロム、デューイ、マルクス、エンゲルス、レーニン、トロツキー、フロイト、ライヒを読んだ」。

一九六四年に結婚、六六年に離婚。

一九七一年に自由連合党に関わり「上院議席をめざす候補者」になった。翌年一月、バーモント州の上院の特別選挙に出馬したが、落選した〔得票率はわずか二%〕。当時のバーモント州は、アメリカでもっとも共和党が強い保守的な州のひとつだった。同年七月に「バーモント州知事選挙に立候補した」。得票率は一%。サンダースがバーモント州に「定住するようになったのは一九六八年

アメリカ政治略年表

1990年8月	イラクによるクウェート侵攻
1991年1月	多国籍軍がイラクを空爆　湾岸戦争へ
1993年	クリントン政権誕生（2001年まで）
1994年11月	下院選挙で共和党が圧勝
1997年	クリントン政権の2期目
2001年	ブッシュ政権誕生。富裕層減税を実施
同年	9・11　同時多発テロ
2003年3月	イラク戦争
2008年	サブプライムローン危機
2009年	オバマ政権誕生（2017年まで）
2010年	下院選挙　共和党が多数派に
2011年9月	ウォール街占拠運動
2015年	キューバと54年ぶりに国交回復
2017年	トランプ政権誕生（2021年まで）
2021年	バイデン政権誕生

サンダースの歩み

1941年	ニューヨーク市ブルックリン生まれ
1964年	シカゴ大学卒業
1972年	バーモント州上院選挙に立候補、落選：得票率は2％
同年	州知事選に立候補、落選
1974年	上院選に立候補、落選
1976年	州知事選で落選。自由連合党を離党 教育用の映写スライド販売の会社
1981年	バーリントンの市長選に当選（無所属。～89年まで4期8年）
1988年	下院選挙に立候補、落選
1990年	下院選挙初当選。進歩派議員団を結成。（～2006年まで8期16年）
2006年	上院選挙当選
2012年	上院選挙で再選。得票率71％
2018年	上院選挙で大差で3選

からだ」。シカゴ大学時代の友人が開いた「自由連合党」の会合に参加した。

一九七六年にバーモント「州知事選挙にふたたび挑戦した」が、選挙の後で自由連合党から離党し、政治から身を引いて、「教育用の映写スライド販売する小さな商売を立ち上げた」。そこで七九年に「アメリカ社会党の創設者で大統領選挙に六回も挑戦した」ユージン・デブス（一九二六年没）の生涯を描いた「三〇分のビデオを製作した」。「彼はアメリカ鉄道労働組合を創設し……第一次世界大戦に反対したために何年か投獄され……大統領選挙で一〇〇万票近くを取った」人物である。

一九八一年、サンダースは無所属で「バーリントンの市長に選出された」。これが政治家としてのスタートである。「たった一四票差で」〔後で一〇差と確定〕。「驚がくの番狂わせ」だった。「二大政党に反旗をひるがえして当選したただ一人の市長だ」（九七頁）。「たくさんの全国紙が『社会主義者市長』の記事を特集した」。「中国のラジオでも報道されたと誰かが言っていた」。「『バーリントン人民共和国』と書かれたいくつかのTシャツが出てきた」。この時、「私はスーツを持っておらず、市長にふさわしい服を買いそろえ」（一一四頁）なくてはならなかった。市長の任期は二年。「一三人の市議会に二人しか支持者がいなかった」。翌年の市議会選挙では「投票率は空前の高さ」となり、進歩派連合は三つの選挙区で勝利し、五議席となった。サンダースは、「書斎にこもった急進派」ではなかった。市民の住宅の取得に資金を提供したり、野球チームを作ったり、市政の改革に努力し、さらにニカラグアのサンディニスタ政権を支持し、一九八五年に同国を訪問し、オルテガ大統領と面会した。「本当に感動的な経験だった」（一二九頁）と述懐している。サンダースは八九年まで市長を四期八年間も務めた。

一九八六年に、「バーリントン市長として三期目の任期中ではあったが、州知事選挙に立候補した」(一四二頁)。「選挙運動はほぼ大失敗」だった。

一九八八年にジェーン・オミーラと結婚、彼女は「三人の子どもを抱えた貧しいシングルマザー」だった。「選挙運動の中心的役割を担っていた」が、九五年?に出身大学のバーモント州のゴダード大学の学長に就いた(二九八頁)。新婚旅行はソ連を訪ねた(一三一頁)。翌年に二人でキューバを訪問した。カストロには都合がつかず会えなかった。

一九八九年にサンダースは「ハーバード大学ケネディスクール政策研究所で教えることになった」。「第三政党の政治について講義した」(一五〇頁)。当時、「三つの選択肢」に直面し、下院議員を目指すことにした。

一九九〇年の下院選挙に立候補し、見事に当選した(バーモント州は下院の議席は一人)。「私たちへの支持はバーモント州全域で驚くほど強力で、得票率は五六%」(一五八頁)だった。「四〇年ぶりの無所属議員」となった。「私は無所属のままで民主党議員会派に所属したいと公言していた」(一六五頁)。下院の議場には議員の特定の席はなく、自由にどこにでも着席できた。「議員控室」は「民主党の部屋を使っている」。

一九九〇年八月、「サダム・フセインがクウェートを侵攻した。……翌年一月、ブッシュ大統領はイラクとの全面戦争について議会の承認を求めた」(一八八頁)。「私は反対した」。「民主党が下院を支配していた」が、ブッシュ支持の民主党議員も少なくなく、戦争は承認された。

一九九一年一月から二〇〇七年一月まで下院議員、二〇〇七年一月から上院議員。二〇一六年に一時は民主党に属したが、一貫して無所属を貫いている。

一九九三年八月、サンダースは「クリントンの予算案に賛成した」（二七二頁）。下院では「四一人の民主党議員が反対し」、「わずか二票差での可決だった」そして、「国民医療保険制度」が成立した。前節で触れたように、アメリカは「先進国で唯一、国民医療保険制度のない国だ」った。

一九九四年一一月の下院選挙で共和党が圧勝し、四二年間にわたる民主党多数派時代が終幕し、クリントンの民主党政権は福祉重視の政策から転落し、金融資本重視の路線に転落した。「民主党の敗北は壊滅的だった」（三〇六頁）。だが、この下院選挙は、「最も厳しい選挙戦」（二八五頁）となったが、再選された。全米ライフル協会との関係が大きく浮上した。「私は銃にも猟にも賛成だ。……〔だが〕私は対人殺傷用銃器の禁止に賛成票を投じた」。「アメリカ人の大多数が対人殺傷用銃器の禁止を支持している」（八九頁）。

一九九六年一一月、サンダースは下院選挙で大勝利した。四期目である。投票数の五五％を獲得した。州都バーリントンの人口は四万人。下院では「五二人からなる進歩派議員団の議長」となっていたが、「うち五一人が民主党議員で、彼らとはすごく良好な関係を築いている」。バーリントン市では進歩派連合がここ八回の市長選挙で七回勝ってきた。私が一九八一年から八九年まで……」。「九五年に市議会の過半数を取った」。この下院選挙での政策は三頁にわたって記されている（三一六頁〜)。

この年には大統領選挙もあり、クリントン大統領が二期目をめざしていた。環境問題で著名なラルフ・ネーダーも立候補していた。彼は「友人だし、進歩派のお手本だ。彼の支持者たちは、私に支持表明を頼んでくる」(六九頁)。「クリントンは環境保護についてもすぐにへたばってしまう穏健な民主党員」であるが、「私はクリントンを大統領として支持することに決めた。選挙運動をやるつもりもなく、ただ彼に投票することにし」た。「なぜか? それは、今日この国の政治状況が本当に危険である」からだ。共和党候補が当選すれば、一九九三年にクリントン政権下で成立した「選挙人登録簡易化法は撤回され、人々が投票するのを困難にする法律が通されるだろう」からだ。この年、サンダースは、「共和党が提案した国防授権法案に反対する中心的役割を果たしていた」。「一九七人いる下院民主党議員のうち七五人までもが……支持した」なかでの闘いである。

この時の大統領選挙でのサンダースの選択・態度は、彼の原則的ではあるが、柔軟な政治判断をする姿勢を良く現している。サンダースは、「どの法案に対しても、良い修正案を起草し……より良い法案にするよう努めている」(一八三頁)。何でも反対の「急進派」ではない。

前節で「大多数の低所得労働者は投票に行かない」と指摘したが、サンダースはそこを打破することを目指した。彼は「低所得者と労働者階級の地区」(七七頁)での選挙活動を重視した。

一九九六年に下院で最低賃金を引き上げる法案が提案され、可決された。「最低賃金の引き上げを支持する共和党議員はほぼ皆無だった」(一七三頁)。

サンダースは、一九九一年の湾岸戦争にも二〇〇三年のイラク戦争にも敢然と反対を貫いた。二〇〇八年にオバマ大統領候補がブッシュ政権の金融安定化法案に賛成した時にも反対を貫いた。二〇〇六年にサンダースは下院から上院へと転じた。上院の任期は六年。

サンダースは、二〇一〇年一二月にブッシュ減税に反対して八時間三〇分に及ぶ演説を行い、注目を浴びた。上院には「他の議員の討論を、その議員の同意なくして中断させることはできない」という規則（＝フィリバスター）があるので、可能であった。

二〇一二年の上院選挙で七一％を得て再選された。こうして、バーモント州は、社会主義者を名乗るバーニーが圧勝する州に変わった。

二〇一六年の大統領選挙に際して、サンダースは「富裕層と大企業への課税強化、所得税の累進性の強化」「連邦最低賃金の時給七・二五ドルから一五ドルへの引き上げ」「公立大学の授業料無料」「国民皆保険制度」などの経済政策を打ち出した。「訳者まえがき」によれば、「女性、移民、マイノリティ、障碍者の権利も重視されている」。これらの政策が「民主的社会主義」として主張されている（一四頁）。サンダースは二〇一五年の講演で、フランクリン・ルーズベルトを例に挙げて彼の提案はその「ほとんどが『社会主義的』と呼ばれました」と説明した。

サンダースはどの選挙戦においても労働者を味方に組織することに注力した。ＡＦＬ—ＣＩＯの指導者と交流して支持を広げた。「労働者、農家、女性活動家、低所得の人々、退役軍人、高齢市民、環境活動家、小企業経営者たち」が味方となった（一〇二頁）。

二〇一八年の上院選挙でも圧勝した。

最後にサンダースの健康について。「病気になるなんて、私の人生にはないことだ」。だが、「声がしゃがれていた」(二〇〇頁)。それで、一九九四年?に手術することになった。

なお、『自伝』には、前記のように社会党は登場するが、共産党はまったく出てこない。どこにも接点がなかったのであろう。アメリカ共産党は、『ウィキペディア』によれば、「一九一九年にアメリカ社会党から分離した二つの政党:アメリカ共産党と共産主義労働党が一九二〇年代初頭に合同して成立」し、「一九一九年から五〇年代後半にかけては最も重要な左翼組織のひとつだった」。「一九七〇年の時点で二万五〇〇〇人ほどの党員がいた」。また、二〇〇四年の日本共産党第二三回党大会に、党副議長が来賓として二四年ぶりに参加した。

第4節 「民主的社会主義」の不明さと強み

前節で概観したように、サンダースは一九八一年にバーリントン市長に就任していらい、一貫して責任ある政治家として生き抜いている。その歩みにはただ感銘するほかない。苦難も伴うであろうが、このように人生を重ねることは素晴らしい。可能であれば、私も彼のように生きたいと深く思う。

まず、サンダースが議会への進出を志向したことに注目する必要がある。政治的出来事への関心や政治参加の仕方は多様でありうるが、サンダースは集会やデモへの参加だけではなく、議会への進出へと歩を進めた。そして、その姿勢に着目しなくてはならない。『自伝』を読んだ限りであるが、サンダースは原則的であり、同時に柔軟でもある。それは民主党との友好な関係にも示されているし、一九九六年の大統領選挙でのクリントン支持の選択にも現れている。各種の法案への対応もそうである。この姿勢に学ぶ必要がある。左翼はともすれば自己主張ばかり強く、柔軟な妥協が出来ない。また、抽象的議論に陥りやすく、現実への対応が鈍くなる。サンダースは、その対極に立っている。それがサンダースの魅力であり、人びとを惹き付ける。

他方、サンダースは「民主的社会主義」と何度も強調しているが、不思議なことに、その「民主的社会主義」とはいかなる内実の社会なのか、その経済システムは何なのかを理論的に説明していない。ただ明確なことは、貧富の格差への怒りであり、「公平な分配」への具体的接近である。「低所得者と労働者階級」や「富裕層」というタームは頻回に書かれるが、この『自伝』には一度も「資本家」は登場しない。「支配階級」は二度だけ登場する（二二九頁）。『自伝』の最終章「私たちはここからどこへ行くのか」には「資本と労働の立つ土俵を公平にする」（三五三頁）と書いてある。読書のなかにマルクスやレーニンが入っていたが、「賃労働・資本関係」というマルクス主義の基本的概念にはまったく無関心である。サンダースは市長時代の或る投書――「私は社会主義というものは何もわからないが、サンダースは道路を舗装して、いい仕事をしている」（一二五頁）を紹介しているが、まさにこの一句にサンダースの「民主的社会主義」の正体があると言ってよい。

最終章では「進歩的で民主主義的な未来に向けて」(三六二頁)と小見出しが立てられているが、「人種差別、性差別、同性愛嫌悪を取り除く」と書いてあるだけである。

このようにサンダースは、「賃労働・資本関係」というマルクス主義の基本的概念にまったく触れることなく、アメリカ社会の巨大な貧富の格差に焦点を当て、「経済的・社会的公正」を目指して、議員(市長も含む)として揺るぎなく闘い続けている。私は、その実践活動に深く敬意を感じる。特に、原則的で、あわせて柔軟な姿勢に感銘する。この基本的姿勢は、日本の左翼運動に大きく欠落している。その故に日本の左翼運動ではサンダースは敬遠されてきたのであろう。

サンダースは、社会主義理論を具備してはいないが、「民主的社会主義」を旗印にしている。私は、そこに社会主義への希望が秘められ、連接していると考える。というよりは、連接しなくてはならない。現実に根ざした実践活動と豊かな社会主義理論とが結びつく必要がある。アメリカにおける〈社会主義〉の可能性は、ここにこそある、と私は考える。

私は、サンダースとは異なり、左翼の一活動家として生きてきた。あえて形容すれば、「理論好きな」と加えることが出来る。一九七八年に第四インターの「世界革命」編集部に配属されて以来、社会主義を理論的に探究することを志向してきた。課題は多く、複雑で、〈解答〉を明らかにしてきたと自負するにたる業績を重ねてきたわけでもないが、無駄な努力だったとも思わない。私は、自分の拙い理論的成果が活かされる日があると確信している。

〈付録 2〉

共産党、現実を直視して明確な反省を

日本共産党は、今年（二〇二一年）七月四日の東京都議会選挙で一九議席を獲得、善戦した（前回当選数と同じ、前議席は一八。定数は一二七。都議選の総括は『フラタニティ』第二三号・八月、参照）。だが、党勢の後退が続いている。秋に予定の総選挙を前に、困難な局面に直面している。

第1節　深刻な党勢の後退、直視できず

昨年一二月一五日に開かれた第二回中央委員会総会で「総選挙躍進特別期間」が四月末まで設定され、その目標は「一千万対話」と「大会現勢の回復・突破」とされた。だが、「赤旗」読者がその時点で「一〇〇万人」とあるだけで、この「大会現勢」とはいかなるものか、党員数は示されなかった。四月七日に「総選挙オンライン全党決起集会」が開かれ、志位和夫委員長が全く異例なことに「総選挙躍進特別期間」を「五月末まで延長」すると発表した。志位氏は、「一二月以降の後退分――日刊紙三五〇六人、日曜版一万七〇〇一人」と数字をあげた。

四月末に「日曜版、7カ月ぶりの前進」（「赤旗」五月二日）となったが、結局、五月末に党勢後退のまま「特別期間」は終了した。六月二日に中央委員会常任幹部会は、「訴え」を発した。そこでは、「『しんぶん赤旗』読者の拡大では、『特別期間』の後退分の回復には距離を残しましたが、……〔五月は〕8カ月ぶりに日刊紙と日曜版をともに前進させることができました」（……には数字）とか「『1千万対話』の取り組みは、『特別期間』を通して対話で三〇〇万人、支持拡大で一五〇万人となりました。これも目標には距離を残しました」と書いてある。だが、「回復には距離を残すでは党勢の実態は伝わらない（昨年一月の第二八回党大会では総選挙得票「八五〇万、一五％」が目標）。常任幹部会の「訴え」では、「得票目標・支持拡大目標をもった支部が六三・一％にとどまっている現状」とは書かれているが、文書読了率や党費納入率は隠されたままである。余程ひどい数値なのであろう。なお、ついに『日本共産党の九十年』は刊行されなかった。

「訴え」では不十分と思ってか、六日後に末尾に小さく「都議選・総選挙等総本部」と記した「8月末までにやるべきことをやりぬいて総選挙躍進を」なる記事を掲載した（「赤旗」六月九日）。そこでは、「党員と『赤旗』読者の拡大では『前回時回復・突破』をめざすという踏み込んだ提起」とか「党員拡大については、第二回中央委員会総会決定よりも高い目標となります」と説明している。だが、「前回時」とか「党大会時の現勢」と書かれても、その実数は不明である。六月五日には「講師資格試験」の案内が「中央委員会書記局」名で掲載されているが、そこには「『総選挙躍進特別期間』では二〇〇〇人近い新入党員」と書かれている。毎月の死亡党員や離党者が何人くらいかという数字は公表されていないが、党員は大幅に減少しているに違いない（三年間に約一万四〇〇〇人が死亡）。昨年一月の第二八回党大会では、党員二七万余人、「赤旗」読者一〇〇万人、支部は一万八〇〇〇だった。党勢のピークは、党員が一九九〇年に四九万人、「赤旗」読者は八〇年に三五五万部だった。二〇〇四年の第二三回党大会では、党員四〇万三七九三人、「赤旗」読者一七三万人だった。ピーク時と比べると、党員は三五％、「赤旗」は二八％に後退している。党中央は、党員数、「赤旗」読者数、文書読了率、党費納入率などを公表しなくてはならない。さらに党員の職業別、年齢別、性別、党歴年数など基礎的数値を検討すれば党勢の歴史的傾向が明確になるであろう。

第2節　志位和夫氏「講義」の「資本主義」認識の不明さ

志位和夫委員長は、五月二三日に日本民主青年同盟主催の「志位さんと語る学生オンラインゼミ」で講義し、「赤旗」六月一日から一二日間連載された。この「二時間」（講義12）の講義は、コロナ対策、日本の外交、ジェンダー平等など多くの領域にわたって語られていて、学ぶべき点も少なくないが、その基本認識について大きな疑問が湧く。

何よりも問題なのは資本主義を超える「未来社会」についての名称が不統一である。連載第一回（講義1）は「人間の自由・解放が社会主義の特徴」と大きな見出しで、「社会主義・共産主義」と書かれているが、質問では「共産・社会主義が実現した未来社会」とある。「講義10」では「社会主義・

共産主義社会」「社会主義・共産主義の社会」とあり、最終の「講義12」では「社会主義・共産主義社会」が見出しで、質問では「共産主義社会、社会主義社会」とされ、「私たちがめざす社会主義、共産主義」と答える（傍点は村岡）。「社会主義」または「社会主義社会」に統一したほうが良い。

なお、「講義1」での質問で「『青写真は描かない』と説明されました。具体的イメージがないと絵空事のように感じてしまいます」と問われ、「すべての人間が自由に全面的に発展できる」社会と答えた。「青写真は描かない」は、不破哲三前委員長の発言いらい党内で広がっているのであろうが、この問題についてはすでに批判を加えたことがある（本書、三四頁）。答えについても、その誤りを何度も批判した。

この「講義1」では、「資本主義」について、「生産の目的・動機」が「利潤」にあると説明しているのは正しいが、志位氏は「資本家」にも「労働者」にもまったく触れない。話されるのは「資本」だけである。だから、〈資本家による労働者の搾取〉ではなく、「人間による人間の搾取」とされる。「日本の借金」がテーマとなっている「講義3」では「大企業と富裕層」だけである。小見出しにもなっている。ところが、「パネル5」の見出しに「資本階級別の法人税実質負担率」と書かれている。「資本階級」とは？　私は初めて見る四文字である。志位氏は「資本階級」は使わずに、「これ（パネル5）は、企業の規模別……」と言い換えて説明した。「パネル6」は「所得階級別の所得税負担率」であるが、志位氏はそのまま「所得階級別……」と踏襲している。「所得階級」は統計学の用語である。

志位氏が「支配階級」を使わなかったことは正しいが、「資本家」にも「労働者」にもまったく触れずに「資本主義」を説明することは誤りである。この講義の連載と同じに始まった連載「コロナ禍と資本主義」でも「大企業や富裕層たち」とか「富裕層と貧困層」とは書かれているが「資本家」も「労働者」もいない。連載二回目には「労働者」「労働者たち」は出て来る。「日本経済」がテーマの「講義9」では、「ルールある経済社会」と「大企業の民主的規制」について説明した。マルクスの『資本論』から有名な「わが亡きあとに洪水を」のセンテンスを引用したが、その引用文に「資本家」と「資本家国家」と「労働者」が出て来る。本文では「労働者」と「労働者階級」も一度だけ書いてある（「資本」は二回）。なぜ、「講義1」で話さなかったのか？

第3節　「社会主義生成期論」の忘失

「社会主義生成期論」と聞いてもすぐに何のことか分かる人はごく少ないであろう。今ではほとんど死語である。なぜそんなものを取り上げる必要があるのか。本節を最後まで読めば、理解できるはずである。共産党が主張していた言葉なので、『社会科学総合辞典』での説明をまず紹介しよう。

「ソ連や東欧などで社会主義への道にふみだしたものの、その社会主義は世界史的にみれば生成期にあり、人類の社会主義的未来を、ソ連や東欧などの現実をもってはかるべきではないという見地。日本共産党第一四回大会（一九七七年）が定式化した」。

「……生成期論は、否定的な現実が克服されなければ、歴史に逆行する事態も生まれるという予見をふくんでいた。一九八九年以来のソ連や東欧の激変は、生成期論による予見に根拠があったことをしめした」（傍点は村岡）。

これが説明の冒頭と結びである。この辞典は、党創設七〇年の一九九二年七月一五日に新日本出版社から刊行された。前年末にソ連邦が崩壊した。だから、最後に見苦しい強弁が加えられている。

まず、なぜこの「理論」が主張されるようになったのか。一九六〇年の安保闘争を前後して「新左翼」が登場した。一九五〇年代後半までは「左翼」といえば、社会党と共産党を意味しており、この「社共」に飽き足らずそれに代わろうとして現れたのが「新左翼」であった。安保闘争の主要な担い手の一翼が学生運動の「全学連」であったが、それを主導したのは新左翼の共産主義者同盟（ブント）であった。四五年の敗戦以降、社会党も共産党もソ連邦や中国を無批判的に、友好的に評価していた。五六年二月のソ連邦共産党第二〇回大会での「スターリン批判」や同年一〇月に起きたハンガリー事件は、左翼にとってきわめて衝撃であった。だが、日本共産党はソ連邦によるハンガリーへの軍事介入を支持した（三二年後の八八年に誤りだったと反省したが、「過去の誤りをすすんで是正する誠実さ」（『日本共産党の七十年』上、二六五頁）とは驚くほかない）。他方、ソ連邦擁護に疑問をいだく者のなかから、その病根を「スターリン主義」として批判する動きを生み出した。ブントは解体したが、それに代わって伸張した日本革命的共産主義者同盟（後に革マル派と中核派に分裂）は「反帝（国主義）・反スターリン主義」をメインスローガンにした。

新左翼の生成史を振り返る余裕はないが、こうしてソ連邦での否定的な出来事をどのように評価したら良いのかをめぐって、共産党と新左翼は鋭く対立することになった。ソ連邦の軍事介入を支持した共産党は、この問題では守勢となり、新左翼は優位となった。一九六八年に起きたチェコスロバキア事件では、共産党はソ連邦と東欧諸国による軍事介入を批判する声明を発表した。そして、七七年の第一四回党大会で「社会主義生成期論」を打ち出した。

「社会主義生成期論」への批判は何度も論及しているので、二〇一五年に著した『日本共産党をどう理解したら良いか』（ロゴス）から引用しよう（三五頁～三八頁。引用符省略）。この論は、ソ連邦を全体としては「社会主義」と認知したうえで、まだ「生成期」だから欠点も誤りもある＝仕方ないという弁護論である。だが、長く副委員長を努めた、トップの理論家上田耕一郎は、「目からウロコが落ちた思いがした」画期的理論とまで自画自賛した（上田耕一郎『現代日本と社会主義への道』大月書店、一九八〇年、二五八頁）。〔だから、冒頭で確認したように、『社会科学総合辞典』で優れた「予見」を含む理論と書かれることになる。だが、この説明のわずか二年後に大きな変化が起きた：本稿での追加〕。九四年に開かれた第二〇回党大会で不破哲三委員長は「日本共産党綱領の一部改訂についての報告」で「その〔レーニン時代〕人類史的な意義はその後のスターリンらの誤りの累積やソ連の崩壊によっても失われるものではない」〔A〕としながら、この確認とはかなり離れて、「スターリン以後のソ連社会は経済的土台も社会主義とは無縁」〔B〕と言い出した。そして、「それ〔社会主義〕への移行の過程にある過渡期の社会などでもありえないことは、まったく明白ではありませんか」と報告した。そして、〔A〕と〔B〕の中間に、「『生成期』論をめぐって」と小項目を立て、「今日から見れば明確さを欠いていたことを、ここではっきり指摘しなければなりません」と他人事のように切り捨てた（党大会の報告は、『前衛』に掲載）。なぜか、「社会主義生成期論」とは言わない。

一〇年後に、二〇〇四年の第二三回党大会で綱領を改定した時に、不破氏は「官僚的な専制主義と侵略的な覇権主義〔C〕を特徴としたソ連社会を社会主義の一つの型だと位置づける立場とは手を切らない限り」と説明した。その綱領では「社会主義の道から離れ去った覇権主義と官僚主義の破産であった。……社会主義とは無縁な人間抑圧型の社会として、その解体を迎えた」と確認した。

だが、〔C〕は政治体制と外交政策の特徴づけであって、経済（体制）の次元ではどういうものだったのかが欠落している。一〇年前の〔B〕「経済的土台も」は消えた。〔A〕も忘失された。

また「無縁」というだけでは、何かを明らかにできたとは思えない。仮に、この「無縁」説が正しいとすると、それまで長い間、ソ連邦を「平和勢力」として分析してきた国際情勢認識は根底から誤っていたことになる。加えて、マルクス主義が説く唯物史観（史的唯物論）の視点が欠落している。唯物史観によれば、「経済的構造」こそが社会の「土台」であり、それに規定されて「政治的上部構造がそびえ立って」いるのではなかったか。不破氏は土台の分析にはまったく触れないで、「政治的上部構造」だけを見て、レッテル貼りしているにすぎない。

以上、「社会主義生成期論」への批判はすでに済んでいる。宮本顕治による「自主独立」志向が働いていたとはいえ、大局的には無批判的な迎合の裏返しに全面否定となったにすぎない。それなのに、古いお蔵入りの理論をなぜ今また取り上げる必要があるのか。一般に本人が悔い改めた過誤について批判を繰り返すことは控えたほうがよい。だが「社会主義生成期論」については、その誤りが今日なお引きずられている。

前記のように、ソ連邦は「社会主義とは無縁な人間抑圧型の社会」とまで断言したがゆえに、ロシア革命の世界史的意義やソ連邦の歩みからいかなる教訓を掴み取るかという問題意識を捨ててしまった。ロシア革命はただ「植民地体制崩壊」という視点から位置づけられるだけとなってしまった。

前節で取り上げた志位氏の「講義5」では、「綱領が実践的に生きてきた例」という小項目で「一九六〇年代、旧ソ連、中国・毛沢東派」に触れて「覇権主義の干渉攻撃を行ってきました。そういうやり方は、社会主義とは無縁だという厳しい論争をやりました」と語った（「赤旗」六月五日）。「社会主義とは無縁」というきつい表現は、一九六〇年代にはなく、一九九四年の党大会で印象づけられたのだが、その主語はソ連邦であって、ソ連邦の外国の党への政策ではない。「あの人の対人態度は横柄で良くない」としても、その人が全体として善人か悪人かは評価できない。志位氏は、二〇〇四年の綱領改定の重要点をぼかそうとしているようである。志位氏は「講義11」では、「ロシア革命」についての質問を立て、「植民地体制崩壊の引き金を引いたこと」として「世界史的意義」をごく簡単に六〇〇字だけ話した。そこには「社会主義とは無縁」というキーワードは出て来ない。基本認識がふらついているのである。「社会主義生成期論」を「今日から見れば明確さを欠いていた」などと曖昧に他人事のように扱う態度では、基本認識を確定させることは出来ないのだ。

共産党は、飛躍するために党勢の現実を直視し過去の弱点を明確に自己批判しなくてはならない。

〈付録３〉

「脱成長コミュニズム」の内実は何か？

――書評：斎藤幸平『人新世の「資本論」』

斎藤幸平氏の『人新世の「資本論」』（集英社、二〇二〇年）が二五万部も売れて大きな話題となっている。斎藤氏は、一九八七年生れ、大阪市立大学大学院の准教授で、ドイッチャー記念賞を受賞した研究者で、経済思想が専門である。

本書の主題は二つである。一つは、現下で深刻に進行する地球温暖化の重大性を明らかにし、これに対して「脱成長コミュニズム」を明確にして行動しなくてはならないという主張である。もう一つはその「脱成長コミュニズム」はマルクスが晩年に到達した結論であるという主張である。

まず、斎藤氏はきわめて多くの欧米の研究者の見解を紹介・批判している。世間で周知のウォーラースティンやフリードマンなどだけでなく、その知見の広さについては驚くほどである。この点は学ばなくてはならない。例えば、『21世紀の資本』（みすず書房、二〇一五年）の著者トマ・ピケティが、「参加型社会主義」を主張するように転換した（一八八頁）と教えられた。

ただ、武田信照氏が本書の書評（『季報　唯物論研究』二〇二一年五月）で指摘しているように、地球温暖化の「自然的要因と人為的要因がどう絡み合っているか」については欠落している。

本書の基軸をなしているのは、これまではほとんどの場合、善とされている「経済成長」について根本的疑問を提起し、逆に「脱成長」を強調している点である。言葉にこだわると、〈脱経済成長〉のほうが適切である。〈政治的成長〉は必要だからである。二〇一四年の都知事選挙で細川護熙候補は「脱経済成長至上主義」と演説した。

第一章では、いくつかの事例によって、地球温暖化の危険性、切迫性を克明に明らかにしている。さらに、なぜ先進国の私たちがこの危機に気づかないのかと設問し、「帝国的生活様式を望ましいものとして積極的に内面化する」（三四頁）傾向として切開している。この指摘は極めて重要である。

第二の主題では、斎藤氏は、晩年以前のマルクスは「進歩史観の特徴――生産力至上主義とヨーロッパ中心主義」（一五二頁）に陥っていたと切開し、その誤りを強調する。

「生産力至上主義」については、私は一九九六年に「社会主義経済計算論争」を検討した時に、クルト・ロートシルトが「成長それ自体と生産および消費の不断の拡大とは、社会主義の究極目標ではなく、それは新しい型の社会と人間へひとりでに導くわけではない」と一九六七年に明らかにしていたことに着目した（村岡到編『原典　社会主義経済計算論争』ロゴス、の「解説」）。さらに武田氏に学んで、「マルクスとは対極的なミルの『停止状態』論の先駆性に学ばなくてはならない」と追加した（「マルクスの歴史的意義と根本的限界」：村岡到編『マルクスの業績と限界』二〇一八年、ロゴス）。「進歩史観」とは「唯物史観」である。斎藤氏は触れていないが、「歴史の必然性」論である。

この問題については、私はすでに「唯物史観」に代わる〈複合史観〉を提起した（「唯物史観から複合史観へ」：『生存権所得』社会評論社、二〇〇九年）。トロツキーは「ロシア的発展の特殊性」を、一九三〇年の『ロシア革命史①』の冒頭で「複合的発展の法則」と説明した（角川文庫、一七頁）。

斎藤氏は、これらの三点をマルクスは晩年に変更したと主張する。斎藤氏はマルクスが晩年に共同体の研究を深めたことを「ザスーリチ宛の手紙」や『ゴータ綱領批判』を論拠にして焦点を当てながら、「最晩年の真の理論的な大転換」（一九二、二〇三頁）とまで過大に評価し、「一般に流布しているマルクス像とまったく異なっている」（一九九頁）と書く。そして「マルクスが最晩年に目指したコミュニズムとは、平等で持続可能な脱成長型経済なのだ」と解釈する（一九五頁）。

斎藤氏が論拠にする『ゴータ綱領批判』での「協同組合的な富」については、私は二〇一八年に「マルクスの歴史的意義と根本的限界」で「マルクスの貴重なヒント」として取り上げた（本書、七九頁）。斎藤氏ほどに過大評価はしなかったが、マルクスを単純な「生産力主義者」とは即断しないためである。なお、『ゴータ綱領批判』の訳者望月清司の注によれば、「マルクスが……『ゲノッセンシャフト』（協同組合）という外国語に訳しにくい固有のドイツ語を用いているのはここだけである」。

斎藤氏が「脱成長コミュニズム」と創語したことは、意味があるだろうが、武田氏が指摘しているように、「マルクスが『脱成長』の立場に転じたと論断するには飛躍があります」。百歩譲って、もし、マルクスがそこまで飛躍したのであれば、新しい問題が起きる。マルクスはそれほど重大な旧来の自説への変更をなぜ「変更」として明らかにしなかったのか？　著述家として無責任となる。

また、この論点と関連するが、武田氏は「J・S・ミルの社会主義論が無視されている点」を批判している。ミルを抜かして「脱成長」を語るのは「学説史的にいえば大いに問題です」。第五章では、資本主義の枠内で「持続可能な成長を追い求める」にすぎない「左派加速主義」を批判している。そこで、「選挙を通じて共産主義革命を起こすというビジョンは……あまりに素朴すぎる」（二一三頁）として、「政治主義」なるものを批判する。

斎藤氏は、政治参加の行動を「議会民主制の枠内での投票」にだけ限定して、後は「政治家」などに任せる態度を「政治主義」（二一三頁）と命名して、それでは不十分だと批判する。ここで紹介されている「イギリスの環境運動『絶滅への反逆』とフランスの『黄色いベスト運動』」という「市民議会」の活動（二一五頁）は注目されるべきである。「市民議会の特徴は、その選出方法である。選挙ではなく、くじ引きでメンバーが選ばれるのだ」。「東京新聞」でも紹介されていた（五月三日）。また、この二つの引用の間に、「コミュニズムとは、本来、生産関係の大転換である」（二一四頁）と確認している。この断言にも、私は賛成である。

だが、「国家だけでは、資本の力を超えるような法律を施行できない」（二一五頁）と書いているのは曖昧で言い過ぎである。法律は国家（国会）によってしか成立させられない。成立してもその法律に反対する人が抵抗して「施行」が困難になる場合もあるだろうが、そういう法案を成立させることは不可欠に必要であり、そのためには、国会の外での市民運動の加勢が必要である。だから、「民主的な政治への市民参加」（二一八頁）が不可欠に必要で大切なのである。なお「気候毛沢東主義」なる新語が書かれているが説明不十分である。国会の外での市民運動を強調するあまり議会の役割や活動を過小評価するのは誤りである。「反・議会主義」は正しいが、「反議会・主義」は逸脱である。

第六章「欠乏の資本主義、潤沢なコミュニズム」では、〈コモン〉の意義が特筆され、「労働者協同組合」の意義が強調されている。

第七章では、「脱成長コミュニズムの柱」として、「使用価値経済への転換」「労働時間の短縮」「画一的な分業の廃止」「生産過程の民主化」「エッセンシャル・ワークの重視」が提言されている。前章での労働者協同組合の重視とともにどれも検討に値いする。「分業の廃止」についてだけ取り上げると、どのように実現するのか困難な課題である。マルクスは『ドイツ・イデオロギー』で「朝には狩りをし、午後には釣りを…」と書いていたが、この周知の一句をなぜ斎藤氏は引用しなかったのか。私は「このような夢想ときっぱり手を切らなくてはならない」と「ソ連邦の崩壊とマルクス主義の責任」（『ソ連邦の崩壊と社会主義』ロゴス、二〇一六年、三八頁）で批判した。

問題の核心は、その経済において、生産物の引換えをどのようにして実現するのかである。資本制経済では、〈労働力の商品化〉をベースにする、賃労働と資本との対立を基軸にして、利潤の獲得を動機・目的として、そこでは価値法則が貫かれている、というのがマルクスが『資本論』で解明した核心である。斎藤氏は「価値法則」と「労働力の商品化」に一言も触れないが、なぜなのか？

もう一つ、斎藤氏の主張には容認できない問題がある。実は、本書の冒頭は「はじめに――ＳＤＧｓは『大衆のアヘン』である！」とされている。私は、このいわば原理主義的思考には反対である。この思考法に拠れば、賃上げ闘争も「大衆のアヘン」となる。労働賃金を上げる闘争は、「労資関係」を前提にしているからである。これは「改良と革命との関係」という積年の大きな問題である。私は、斎藤氏と同じに「資本主義の超克」という立場に立っているから、労働組合が賃上げ闘争にだけ埋没することには反対である。だが、賃上げ闘争のなかで創り出される連帯の経験を資本主義への徹底した批判＝社会主義志向に繋げる努力こそが大切だと考える。同じように、ＳＤＧｓの活動を通して〈脱経済成長〉へと意識を変革することこそが必要なのである。ＳＤＧｓに直角的に反発するようでは、とても国民の「三・五％」を獲得することはできない。斎藤氏は「『三・五％』の人びとが非暴力的方法で、本気で立ち上がると、社会が大きく変わる」（三六二頁）と「おわりに」で書いているが、一九八六年の「フィリピンのマルコス独裁打倒」の例などでは論拠不明である。ＳＤＧｓへの反発と同じ理由からか「ベーシックインカム」（生存権所得）にも触れない。

なお、斎藤氏は本書では「スターリン主義という怪物」（一五二頁）と一度だけ書き、「生産力至上主義型のソ連のような共産主義」（一九六頁）とか、「官僚主導の独裁国家」（三一一頁）とか、「ソ連の場合には、……結果的には『国家資本主義』と呼ぶべき代物になってしまった」（最終章、三五二頁）と書いている。「東京新聞」では「ソ連や中国をはじめ、これまでに存在した『共産主義国家』は、生産力至上主義の体制で、実質は資本主義だった」と話した（二〇二一年二月二〇日）。これでは、ロシア革命やその後の歩みから教訓を掴み取ることは出来ない。

最後に、斎藤氏にぜひ検討してほしい論点を本書の守備範囲内に限って五つだけ提示したい。

第一に、強調されている「脱成長コミュニズム」において、何が〈労働の動機〉になるのか。これは、ロシアで経済学でもっとも優れていたプレオブラジェンスキーが一九二六年に著した『新しい経済』で提起した問題である。私は誇りをめぐる競争＝〈誇競〉だと考える。

第二に、「脱成長コミュニズム」の経済システムはいかなる内実か、である。前述したように、「労働者協同組合」に着目することは正しいが、「平等で持続可能な脱成長型経済」というだけではまったく不十分である。そこでの「経済計算」はいかなる方法で実現するのか。これは、ロシア革命直後に「社会主義経済計算論争」で提起・論議された大問題である。私は『資本論』フランス語版の「協議した計画」（斎藤氏は着目しない）にヒントを得て〈協議経済〉を提起している（「〈協議経済〉の構想」：『協議型社会主義の摸索』社会評論社、一九九九年）。

第三に、「脱成長コミュニズム」の経済では、貨幣と市場はどうなるのか。存続するのか、無くなるのか？　私は、〈生活カードによる引換え場〉を提起している（「〈生存権〉と〈生活カード制〉の構想」：『協議型社会主義の模索』に収録）。

第四に、「三・五％の人びとの非暴力的方法」において、政党はどのような位置と役割を果たすのか？　「〈コモン〉の領域を広げていく」だけでは不明である。

第五に、本書では「自由・平等」が繰り返し強調されているが、〈友愛〉こそが大切なのではないか？　私は〈友愛社会主義〉を提起している（『友愛社会をめざす』ロゴス、二〇一三年、など）。

このように、なお納得することが出来ない難点や欠落は残されているが、本書をきっかけとして、資本主義への批判が広がり、社会主義志向がその内実を深めることを期待したい。

あとがき

・「マルクスの継承と超克――M・リュベルの労作をヒントに」
・「バーニー・サンダースに着目を――アメリカにおける〈社会主義〉の可能性」
・「共産党、現実を直視して明確な反省を」
・「『脱成長コミュニズム』の内実は何か？――書評：斎藤幸平『人新世の「資本論」』

は、新しく執筆した。

次の二つは既出である。

・「マルクスの歴史的意義と根本的限界」：村岡到編『マルクスの業績と限界』二〇一八年、ロゴス
・「『ソ連邦＝党主指令社会』論の意義」：村岡到『ソ連邦の崩壊と社会主義――ロシア革命100年を前に』二〇一六年、ロゴス

単行本に既出した二つの論文を収録するのは上品ではないが、本書のテーマに深く関わるものなので容赦願いたい。

「まえがき」にも記したように、フランスのマルクス研究者マクシミリアン・リュベルの大冊『神話なきマルクス――その生涯と理論』を読んだことが、本書執筆の動機である。リュベルの「市場

なき社会主義」には賛成するが、「ソ連邦＝国家資本主義」説には与しがたい。それでは、ロシア革命やソ連邦の歩みから教訓を得ることは出来ない。また、マルクスの弱点や誤りに目を塞いでいたのでは〈新しい社会主義像〉を探究することは困難である。探るべき課題は多い。個人に可能なことは限りがあるから、活発な論議が起きることを期待したい。

最後に、本書の執筆には昨年に喜寿を過ぎ一区切り付けたほうが良いかという思いも重なった。

この機会に、私の主張がなぜ拡がらないのかについて思案した。いくつかの要因が考えられる。何よりも世間の時流に抗して「社会主義」を堅持していること、そしていわばマルクス不敬罪を気にすることなくマルクスへの批判を加えていることが不人気の原因であろう。世界情勢や経済の動向が視野の外になっていて守備範囲が狭いことも災いしている。さらに言葉にこだわり、誰に対してもきびしく検討することや大学に進学・所属することなく、何かの組織にバックアップされることもないことがマイナスに作用している。言葉へのこだわりについて。日常生活ではラフな会話も許されるが、理論的探究においては言葉（概念）を明確にすることが不可欠である、と私は考える。

とはいえ、これらの条件は勝手に変えられるものではなく、「社会主義」への志向性は揺るぎなく、しかもただこの四文字を繰り返しているわけではなく、〈協議経済〉を土台とする〈友愛社会主義〉としてその内実を深めて提起している。今後もこの道を歩むほかかない。幸いにも共鳴・支持していただく方がたが小さな規模ではあるが協力してくれるので、励まされている。本書を一冊でも多く買っていただければ、困窮の生活の助けにもなり、また批判や注文をいただけるなら今後の探究の励みにもなる。特に若い人たちに伝わることを望みたい。

次の課題としては、〈政権構想〉の内実を埋めることである。昨年三月に『政権構想の探究①』を編集・刊行した（ロゴス。孫崎享、西川伸一、紅林進の三氏の論文を収録）。①としたように続刊も意識したもので、私はコロナ禍によってクローズアップされている医療問題について準備中である。他の課題での協力・執筆を得られることを望んでいる。また、ＡＩ時代の到来によって、社会のあり方が国内だけでなく国際関係でも大きく変容しつつあり、その動向についても学ばなくてはならない。

コロナ禍によって多くの困難が加重されつつあるが、梅雨も過ぎ、都営住宅の前の光が丘公園の緑もいっそう深まってきた。豊かに繁る緑葉の向こうに青い大空が拡がっている。

二〇二一年七月一七日　　村岡　到

〈追　記〉

☆脱稿後に、村岡到の投書「共産党は『閣外協力』を明確に」が『週刊金曜日』七月九日号に掲載された。同じく「総選挙　野党共闘実現を」が「毎日新聞」七月一四日に掲載された（二つとも『フラタニティ』第二三号：八月、に再掲。二七頁と七二頁）。

☆季報『唯物論研究』から執筆の依頼が届いた。特集のテーマは「資本主義を超える」。一一月に刊行予定なので、ぜひ一読して頂きたい。私のテーマは「友愛社会主義の構想」にする。

村岡到編　宗教と社会主義との共振　目　次

173頁　定価1870円

松本直次氏の書評：『フラタニティ』第二一号：二〇二一年二月、に掲載／島薗進氏の書評：「図書新聞」二〇二一年三月二〇日号に掲載。

村岡到編　宗教と社会主義との共振 II　目　次

147頁　定価1650円

片岡龍氏の書評：『フラタニティ』第二三号：二〇二一年八月、に掲載／『宗教問題』三五号：八月、に書評予定。

〈事項索引〉

〈人名索引〉

村岡 到（むらおか・いたる）

1943年4月6日生まれ
1962年　新潟県立長岡高校卒業
1963年　東京大学医学部付属病院分院に勤務（1975年に失職）
1969年　10・21闘争で逮捕・有罪
1980年　政治グループ稲妻を創成（1996年に解散）
ＮＰＯ法人日本針路研究所理事長
季刊『フラタニティ』編集長

主要著作

1980『スターリン主義批判の現段階』稲妻社
1996『原典・社会主義経済計算論争』（編集・解説）ロゴス
1999『協議型社会主義の模索――新左翼体験とソ連邦の崩壊を経て』社会評論社
2001『連帯社会主義への政治理論――マルクス主義を超えて』五月書房
2003『生存権・平等・エコロジー―連帯社会主義へのプロローグ』白順社
2003『不破哲三との対話――日本共産党はどこへ行く？』社会評論社
2005『社会主義はなぜ大切か――マルクスを超える展望』社会評論社
2009『生存権所得――憲法一六八条を活かす』社会評論社
2012『親鸞・ウェーバー・社会主義』ロゴス
2015『文化象徴天皇への変革』ロゴス
2017『「創共協定」とは何だったのか』社会評論社
2019『池田大作の「人間性社会主義」』ロゴス
2020『宗教と社会主義との共振』（編）ロゴス
2021『宗教と社会主義との共振 Ⅱ』（編）ロゴス

『宗教と社会主義との共振』78頁に全著作を掲示した。

マルクスの光と影――友愛社会主義の探究

2021年8月6日　初版第1刷発行
編　者　　村岡　到
発行人　　入村康治
装　幀　　入村　環
発行所　　ロゴス
〒113-0033　東京都文京区本郷2-6-11
TEL.03-5840-8525　FAX.03-5840-8544
URL http://logos-ui.org　Mail logos.sya@gmail.com
印刷／製本　株式会社 Sun Fuerza

定価はカバーに表示してあります。 ISBN978-4-910172-07-1　C0031

ロゴスの本

ブックレットロゴス

ブックレットロゴス No. 1　村岡 到 編
閉塞を破る希望——村岡社会主義論への批評　142 頁・1500 円+税

ブックレットロゴス No. 4　村岡 到 著
閉塞時代に挑む——生存権・憲法・社会主義　111 頁・1000 円+税

ブックレットロゴス No. 5　小選挙区制廃止をめざす連絡会 編
議員定数削減NO！——民意圧殺と政治の劣化　108 頁・1000 円+税

ブックレットロゴス No. 6　村岡 到 編　西尾 漠・相沢一正・矢崎栄司
脱原発の思想と活動——原発文化を打破する　108 頁・1000 円+税

ブックレットロゴス No. 8　村岡 到 編
活憲左派——市民運動・労働組合運動・選挙　124 頁・1100 円+税

ブックレットロゴス No. 9　村岡 到 編　河合弘之・高見圭司・三上治
2014 年 都知事選挙の教訓　124 頁・1100 円+税

ブックレットロゴス No.10　岡田 進 著
ロシアでの討論——ソ連論と未来社会論をめぐって　132 頁・1200 円+税

ブックレットロゴス No.12　村岡 到 編　澤藤統一郎・西川伸一・鈴木富雄
壊憲か、活憲か　124 頁・1100 円+税

ブックレットロゴス No.13　村岡 到 編 大内秀明・久保隆・千石好郎・武田信照
マルクスの業績と限界　124 頁・1000 円+税

ブックレットロゴス No.14　紅林 進 編著　宇都宮健児・田中久雄・西川伸一
変えよう！選挙制度——小選挙区制廃止、立候補権を　92 頁・800 円+税

ブックレットロゴス No.15　村岡 到 編著 大内秀明・岡田 進・武田信照
社会主義像の新探究　106 頁・900 円+税

ブックレットロゴス No.16　村岡 到 編著　孫崎 享・西川伸一・紅林 進
政権構想の探究 ①　106 頁・1000 円+税